Bonjour,

bei Arles malte van Gogh 1888 seine Sonnenblumen. Im Werk von Paul Cézanne taucht mehrfach die Montagne Sainte-Victoire auf, jene zerklüftete Bergkette östlich von Aix-en-Provence, von der auch Pablo Picasso fasziniert war. Das besondere Licht, das diese und viele weitere Künstler in die Provence lockte, ist für viele sicher auch heute ein Grund für eine Reise in den Süden Frankreichs.

WO DIE PROVENCE AM SCHÖNSTEN IST

Die Autorin dieses Bandes, Hilke Maunder, lebt etwa die Hälfte des Jahres in einem kleinen Ort bei Perpignan, von dort ist es nicht weit bis nach Arles, Avignon oder Marseille, und so weiß Hilke Maunder ganz genau, wo die Provence am schönsten ist. Sie verrät in diesem DuMont Bildatlas viele persönlich erprobte Tipps. Bei meinem letzten Aufenthalt im Süden Frankreichs bin ich einigen ihrer Wanderempfehlungen gefolgt (S. 53 und S. 78), und ich bin nicht enttäuscht worden. Relativ leicht zu organisieren ist von Marseille aus die Tour entlang der Calanques-Küste, angesichts der tollen Landschaft waren die rund 18 km ein Hochgenuss.

EINE STADT ERFINDET SICH NEU

Apropos Marseille. Im letzten Jahrzehnt hat Marseille eine erstaunliche Wandlung vollzogen – aus der leicht schmuddeligen Hafenmetropole wurde und wird eine angesagte Boomtown mit spektakulärer Architektur, viel Kultur und tollen Shoppingmöglichkeiten.
Herzlich

Ihre

Birgit Borowski

Birgit Borowski
Redaktion DuMont Bildatlas

»SEHT NUR DAS LICHT AUF DEN OLIVENBÄUMEN, ES FUNKELT WIE EIN DIAMANT. [...] UND DER HIMMEL, DER HINDURCHSCHEINT, MACHT EINEN SCHIER VERRÜCKT.«

Auguste Renoir

Unsere Autorin Hilke Maunder pendelt zwischen Hamburg und Südfrankreich. In ihrem Blog »Mein Frankreich« berichtet sie über Land, Leute und Genuss. Den verspricht auch ein weißer Hermitage.
Elan Fleisher, Fotograf dieses Bandes, verstarb viel zu früh. Er wusste, dass die Provence sein letztes großes Projekt sein würde, und hat die Region mit viel Aufwand in Szene gesetzt.

54

Tausende kommen bei der Wallfahrt in Les Saintes-Maries-de-la-Mer zusammen.

40

108

Marseille ist hip geworden.
Die Stadt hat sich neu erfunden.

Reihe um Reihe, bis zum Horizont:
nichts als tiefes Lavendelviolett

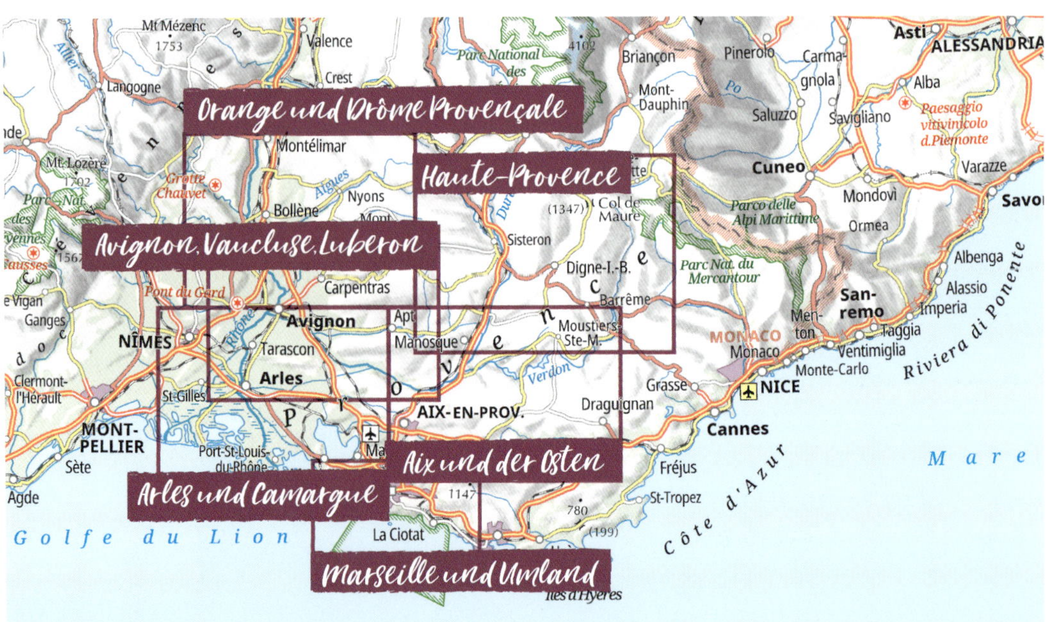

Impressionen

Aix und der Osten

Marseille und Umland

Unsere Favoriten

Arles und Camargue

Avignon, Vaucluse, Luberon

Orange und Drôme Provençale

Haute-Provence

Anhang

UNSERE **TOP-12**

Das Beste erleben

Berührend, aufregend und spannend ...
sind unsere Ideen, die wir für Ihren Aufenthalt
in der Provence zusammengetragen haben.

Unvergessliche Eindrücke

*** 1 ***

VIEUX-PORT, MARSEILLE

Seit der Antike ist der Alte Hafen das Herz von Marseille.
Seite 51

*** 2 ***

MARAIS SALANTS, CAMARGUE

Die größten Salzgärten der Carmargue liegen bei Salin-de-Giraud an der Mündung der Rhône und bei Aigues-Mortes.
Seite 66

*** 3 ***

PALAIS DES PAPES, AVIGNON

Festung des Glaubens – der Papstpalast in Avignon
Seite 81

*** 4 ***

THÉÂTRE ANTIQUE, ORANGE

Keine antike Bühne weltweit ist besser erhalten als das Theater von Orange.
Seite 95

Berauschende Natur

*** 5 ***

GORGES DU VERDON

Zwischen Castellane und dem Lac de Sainte-Croix hat der wilde Verdon Europas größten Canyon in den Kalk gefräst.
Seite 39

*** 6 ***

CALANQUES

Steile Kalksteinklippen, türkisblaue Badewasser: Naturjuwel zwischen Marseille und Cassis
Seite 52

Lebendige Kultur

• 7 •

ATELIER, AIX-EN-PROVENCE

In Aix-en-Provence ist das Erbe Paul Cézannes allgegenwärtig, besonders in seinem letzten Atelier in Lauves.

Seite 37

• 8 •

MUCEM, MARSEILLE

Architektonischer Hingucker und Megamuseum zu den Mittelmeerkulturen und dazu köstliche Küche auf dem Dach.

Seite 51

Magische Orte

• 9 •

GORDES

Hoch auf einem Felskamm, im Herzen des Luberon, thront Gordes, eines der schönsten Dörfer Frankreichs!

Seite 82

• 10 •

NOTRE-DAME DE SÉNANQUE

Inmitten wogender Lavendelfelder inszeniert die Zisterzienserabtei das Flair der Provence.

Seite 82

• 11 •

CHÂTEAU DE GRIGNAN

750 Briefe einer Marquise machten dieses Renaissanceschloss weltberühmt. Eindrucksvoll ist auch das Freilichttheater!

Seite 96

• 12 •

SISTERON

Wo Felsen den Fluss versperrten, öffnete die Durance den Weg gen Süden: Sisteron ist das Tor zur Provence!

Seite 113

ZWISCHEN DEN TÄLERN

Bewaldete Hügel, zerfurchte Bergketten und Hochplateaus ziehen sich durch die Haute-Provence – fantastische Aussichten garantiert. Von der Zitadelle hoch über Entrevaux (was so viel wie „zwischen den Tälern" bedeutet) belohnt ein spektakulärer Blick auf die Dächer der Stadt, die Schleife des glitzernden Var und die bergige Landschaft ringsum.

MELTING POT

Seit 2600 Jahren ist Marseille Frankreichs Melting Pot am Mittelmeer. Hier fassten Leute aus aller Welt Fuß, alle Stände, alle Schichten. Auch heute prägen Einwanderer die nach Paris zweitgrößte Stadt Frankreichs. 2024 ist die Kulturhauptstadt von 2013 Austragungsort der Segelwettbewerbe der Olympischen Sommerspiele.

MARSEILLE

FRISCHES FÜR DIE SUPPE

Kaum eine Suppe ist so geheimnisumwoben wie die Bouillabaisse, die ihren Ursprung in Marseille hat. Sieben Edelfische gehören hinein, darunter Knurrhahn, Rotbarbe, Petersfisch und Seeteufel, dazu Felsenfische, Fenchel und Safran. Die Fische kauft man in Marseille gleich am Vieux-Port – vom Boot weg, frischer geht's nicht.

DER FEINE UNTERSCHIED

Lange hatte Aix-en-Provence, die einstige Rivalin von Marseille, in Bedeutungslosigkeit verharrt. Aber nun erlebt die Stadt im Süden der Provence einen Aufschwung: Ihr elegantes Flair macht sie zu einem beliebten Reiseziel. Sie setzt klare Akzente in Wirtschaft, Kultur und Lebensart und ist deshalb auch ein äußerst angesagter Ort zum Leben.

Le Patacrêpe
Le Patacrêpe
LA MAISON DU HANDBURGER
SERVICE NON STOP
1820

TÜRKISBLAUES WASSER

Frankreichs zweitgrößter Stausee, der Lac de Sainte-Croix, erstreckt sich im Osten der Gorges du Verdon. Das Freizeitparadies zieht viele an, eignet es sich doch bestens zum Paddeln, Segeln und Surfen – und zum Baden und Chillen an den Naturstränden.

TOR ZUM NATIONALPARK

Am Ostrand des Nationalparks Calanques bezaubert La Ciotat mit Fischerei- und Jachthafen und einer charmanten Innenstadt. Wer sich vom Anblick der Schiffsmasten vor den bunten Fassaden an der Hafenzeile losreißen kann, legt hier mit dem Boot ab und fährt in die Fjordlandschaft des Nationalparks.

TIEFES BLAU FÜR DIE SINNE

Von Juni bis August kleidet sich die Provence hellviolett bis tieflila: Zur Blütezeit verwandelt der Lavendel das Hochplateau von Valensole (Bild) und die Region um Sault, Felder der Drôme und der Vaucluse in Teppiche aus „blauem Gold".

UNSERE
FAVORITEN

Die besten Unterkünfte beim Winzer

URLAUB AUF DEM TERROIR

Wie harmonisch sich Weinkultur und Lebenskunst in der Provence verbinden, verraten die Séjours en vignoble – Aufenthalte beim Winzer, die so vielfältig sein können wie das Terroir, auf dem die Reben gedeihen. Angeboten werden neben stilvollen Nächten im Winzerschloss oder in einer rustikal-romantischen Kate auch Erlebnispakete. Lassen Sie sich inspirieren!

1

3

1 Genuss am Pool

Nur vier Kilometer von der Route du Soleil entfernt laden Ginette und Aimé Daniel mit ihrem Sohn Patrick auf dem stattlichen Château de la Croix Chabrières in Bollène zu einer oder auch mehr Übernachtungen. Jahrhundertealte Platanen umgeben die drei geräumigen Ferienhäuser für zwei bis sechs Personen. Abkühlung an heißen Tagen verspricht ein überdachter, halb offener Pool. Die Tropfen des 14 Hektar großen Weingutes der AOC Côtes-du-Rhône sind im imposanten Haupthaus bei einer Verkostung zu entdecken – oder bei einer kostenlosen Führung durch die Keller und über die Domaine Viticole, die mit ihren Weinen fast hundertmal bereits im renommierten Guide Hachette gelobt wurde. Östlich von Bollène erstrecken sich weitere Weingüter des Tricastin mit weiten Rebflächen.

€€ Château de la Croix Chabrières
Route de Saint-Restitut,
84500 Bollène,
Tel. 04 90 40 00 89,
gites-chateau-croix chabrieres.com

2 Ins provenzalische Farbenspiel getaucht

Mit viel Liebe zu provenzalischen Farben haben Romain und Thibaut Chamfort ihre beiden Gîtes (Ferienwohnungen) für vier beziehungsweise sechs Personen in Sablet, rund 20 km östlich von Orange, eingerichtet. In dem charmanten Dörfchen mit seinen Gassen und Feldsteinhäusern wird seit 23 n. Chr. auf 218 Meter Höhe Wein angebaut, er ist der Sonne und dem Mistral ausgesetzt. Heraus kommen kraftvolle Rote, mit denen die Chamforts – hinter deren Rebgärten sich die Dentelles de Montmirail erheben – schon Dutzende Preise eingeheimst haben.

€€€ Domaine de Verquière
45, rue Georges Bonnefoy,
84110 Sablet,
Tel. 04 90 46 90 11,
domaine-de-verquiere.fr

3 Einladung zum Nichtstun

Einzig das Zirpen der Grillen durchbricht die Stille: Die vier Cottages der Domaine de Faverot sind Kleinode für Hipster und Oasen der Ruhe, die mit Blick auf Luberon und Mont Ventoux zum süßen Nichtstun am Infinity Pool einladen. Verträumt wandert der Blick über die ebenfalls endlos scheinenden Kulturen mit Wein, Kirschen und Oliven. Wandern? Ja! Den „Parcours Découverte" durch das Rebenland mit abschließender Verkostung sollten Sie nicht verpassen!

€€€ Domaine de Faverot
771, route de Robion,
84660 Maubec,
Tel. 06 77 73 08 78,
www.domaine-faverot.fr/gites-luberon-provence

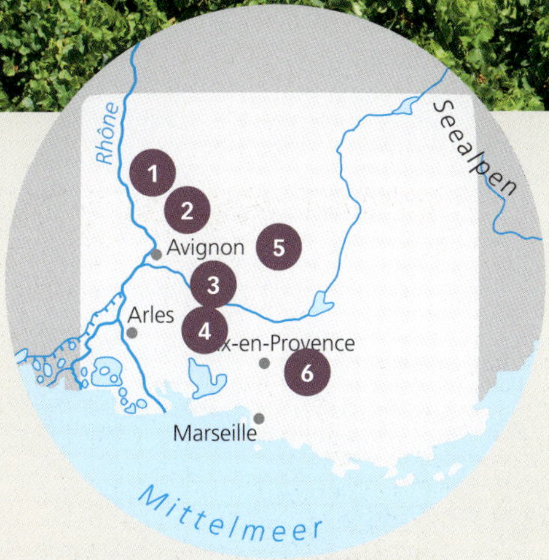

4 Am Fuß der Alpilles

Aus den drei wunderschön nostalgischen Gästezimmern, die Familie Brulat in einer ehemaligen Kommende der Templer eingerichtet hat, öffnen sich weite Ausblicke über ihr Rebland hin zu den Bergen der Alpilles und des Luberon. Unter anderem aus Syrah, Grenache, Cabernet Sauvignon und Merlot keltern sie körperreiche Rote der AOP Coteaux d'Aix-en-Provence, aus Vermentino fruchtige Weißweine – sie können im Keller des Hauses verkostet werden. Oder am ersten Advent beim Weihnachtsmarkt in Gesellschaft von Künstlern der Region …

€€/€€€ Château Petit Sonnailler
1, route du Sonnailler,
13121 Aurons,
Tel. 04 90 59 34 47,
petit-sonnailler.com

5 Maisons mit klangvollen Namen

Im Herzen des Luberon haben Patrizia und Olivier Massart zwischen die Reben neun Häuser gestellt. Jedes ist für sich einzigartig, luxuriös, überraschend, verrückt: Mit viel Rot – wie die Liebe – gibt sich die Maison des Amoureux, in Licht gebadet die Maison des Cascades mit einem eigenen Pool, minimalistisch pur mit Schwarz und Weiß die Maison des Lointains, eine Hommage an unvergängliche Klassiker ist die Maison de Toujours. Am Pool blüht der Ginster, und im Küchengarten erntet der aus Italien stammende Koch Nicola Locatelli selbst gezogenes Gemüse, Tomaten und Kräuter.

€€€€ Domaine des Andéols
Les Andéols,
84490 Saint-Saturnin-lès-Apt,
Tel. 04 90 75 50 63,
andeols.com

6 Aperitif auf dem Biohof

Nach rund drei Jahrzehnten in Afrika, wohin sie in den 1930er-Jahren aus Deutschland vor den Nazis geflohen waren, kamen Lisa und Gottfried Latz in die Provence. Als sie um 1960 aufgrund politischer Umstände ihre Farm im Kongo aufgeben mussten, erwarben sie in Frankreichs erstem Biodorf Correns die 25 Hektar große Domaine des Aspras und begannen hier, diesmal als Winzer, erneut bei null. Heute führt ihr Sohn Michaël das elterliche Anwesen weiter – nun als Bio-Weingut mit sechs Gästezimmern in der Bastide, Pool und „Pure Home Cooking", bei dem Jan und Mirjam Schlemmermenüs nach Wunsch zaubern, während die Gäste den Aperitif am Pool genießen.

€€€ Domaine des Aspras
Les Aspras,
83570 Correns,
Tel. 04 94 59 59 70,
aspras.com

Aix und der Osten

*

JUNGES FLAIR AM MALERBERG

*

Viele Franzosen träumen davon, hier zu wohnen: Aix ist für sie der Inbegriff von Provence – vornehm, elegant, voller Kultur und Lebensqualität. Für junges Flair in der alten Hauptstadt sorgen Studenten aus aller Welt. Und die nahe Montagne Sainte-Victoire begeistert nicht nur Künstler wie einst Cézanne.

Der Stadtbummel durch Aix-en-Provence beginnt ganz entspannt in der Farbenpracht des Blumenmarkts.

Savoir-vivre an einem lauen Sommerabend in der Altstadt von Aix-en-Provence

»MISTRAL-WIND, DU WOLKEN-JÄGER, TRÜBSAL-MÖRDER, HIMMELS-FEGER, BRAUSENDER, WIE LIEB ICH DICH!«

Friedrich Nietzsche, aus: An den Mistral

Die Glanzzeit von Aix-en-Provence begann im späten 12. Jahrhundert, als die Grafen der Provence Aix zur Hauptstadt und ihre Residenz zum Synonym für Kultur, Eleganz und Lebensart machten. Wirtschaft und Handel blühten, 1409 folgte die Gründung der Universität, die nun Teil der Aix-Marseille Université ist. Keiner hat Aix so geprägt wie der „gute König" René (1409–1480), der als „le bon roi René" dort bis heute ungeheuer populär ist. René I. machte seinen Hof in Aix zur Hochburg von Kultur und Wissenschaft.

DER GUTE KÖNIG

Der König war ein Schöngeist. Er versuchte sich im Dichten, widmete sich der Wiederbelebung der altprovenzalischen Troubadourkultur, holte sogar flämische Künstler in den Süden und griff auch selbst gerne zum Pinsel. Da René I. die niederländische Maltechnik perfekt imitieren konnte, hielt sich bis ins 19. Jahrhundert das Gerücht, er habe das Triptychon in der Kathedrale von Aix selbst gemalt. Tatsächlich wurde der „Brennende Dornbusch" von Nicolas Froment geschaffen.

MAULBEEREN FÜR DIE SEIDE

Auch der Wirtschaft gab der gute König neue Impulse. Er belebte den Weinhandel durch den Anbau der Muskatellertraube und holte Maulbeerbäume aus Persien in die Provence, die damit zum Standort einer blühenden Seidenraupenzucht wurde. Bis ins späte 19. Jahrhundert wurden die Kokons zu feiner Seide gesponnen, erst in Heimarbeit und kleinen Manufakturen, dann in industriellen Großbetrieben. Für Kinder unter 12 Jahren wurde die Tagesarbeitszeit 1874 auf maximal sechs Stunden beschränkt, verraten Dokumente im Musée de la Soie (Seidenmuseum) von Taulignan.

René I. starb in Aix am 10. Juli 1480. Sein Grab jedoch ist dort nirgends zu finden. Nur eine Statue auf dem Cours Mirabeau erinnert an den letzten Herrscher der Provence, die nach seinem Tod an die französische Krone fiel. 1501 wurde Aix Sitz des provenzalischen Parlaments. Mit der Französischen Revolution aber wurde das Regionalparlament in die Hafenstadt Marseille verlegt.

AIX IM WANDEL

Nach dem Ende der Kolonialkriege strömten in den 1950er-Jahren Nordafrikaner mit französischen Wurzeln, die *Pieds-noirs* (Schwarzfüße), ins Land. Aix baute uniforme Hochhausviertel und vervierfachte seine Einwohnerzahl.

Im zweiten Millennium entstand zwischen den Wohnvierteln im Westen und

Links: In Festtracht zur Aufstellung des Maibaums in Aix. Rechts: Die vielen Brunnen von Aix-en-Provence wie die Fontaine de la Rotonde fallen im Stadtbild auf.

Der Blumenmarkt von Aix-en-Provence wird vor dem Rathaus abgehalten.

Die Kathedrale Saint-Sauveur in Aix-en-Provence vereint mehrere Baustile in sich. Ihr größter Schatz ist das Altarbild vom „Brennenden Dornbusch".

Oben: Eine Abteilung der Gemäldegalerie im Musée Granet in Aix-en-Provence widmet sich der französischen und provenzalischen Malerei, die Skulpturengalerie dem Werk von Bildhauern der Region wie Jean-Pancrace Chastel und Truphème.

Die Fondation Vasarely, die Werke des französischen, in Ungarn geborenen Malers Victor Vasarely (1906 – 1997) zeigt, setzt sich aus sechseckigen Zellen zusammen, die an Honigwaben erinnern.

Einst gingen im Café Les Deux Garçons in Aix-en-Provence Picasso, Zola und Camus ein und aus.

Auch Bronzefiguren des Schweizer Künstlers Alberto Giacometti werden im Musée Granet ausgestellt.

Special

Fayencen

Steingut in schönster Form

Wasser, Erde, Holz: Mehr brauchen die Keramiker nicht, die in Moustiers Sainte-Marie seit dem 17. Jahrhundert Fayencen herstellen.

Ein Mönch aus Italien – Pierre Clérissy – hatte ihnen 1668 das Geheimnis der Herstellung verraten: Die damals mehr als 100 Werkstätten begründeten den Ruf von Moustiers Sainte-Marie als Hauptstadt des provenzalischen Fayence-Handwerks. Terrinen, Teller und Figuren aus der Provence schmückten zu jener Zeit die Tische gekrönter Häupter.

Heute halten ein Dutzend Ateliers die Tradition lebendig. Besonders berühmt – und authentisch – sind die Werkstätten von Bondil, Lallier und Mufraggi. Sie fertigen in sieben Arbeitsschritten kunstvolle Fayencen. Doch verziert wird ihr Ton nicht mehr nur wie einst mit blauem Dekor auf weißem Grund, sondern mit ganz unterschiedlichen Farben und Motiven. Und längst hat die Fayencekunst Orte

Fayencen in leuchtenden Farben

wie Aix oder Gardanne erobert, wo Terres et Formes das Steingut farbenfroh verziert.

Einblicke in die Tradition der Fayencekunst vermitteln geführte Spaziergänge des Office de Tourisme in Moustiers Sainte-Marie, das örtliche Musée de la faïence (rue du Seigneur de la Clue) und das Musée des Arts décoratifs, de la faïence et de la mode in Marseille (Château de Borély, siehe Kapitel Marseille).

der historischen Altstadt das neueste Vorzeigeviertel von Aix: Sextius Mirabeau. Geschickt hat der katalanische Architekt Oriol Bohigas mit seinem Team dabei Wahrzeichen der Stadt aufgenommen und neu interpretiert: den gelben Sandstein, die Allées Provençales, das Studentenflair – und die Montagne Sainte-Victoire, deren Silhouette die Architektur des neuen Quartiers aufgreift.

ALLES GRÜN?

Heute investiert Aix-en-Provence in Nachhaltigkeit. Die Innenstadt ist nahezu autofrei und noch l(i)ebenswerter geworden. Die Wohngebiete erhielten Einbahnstraßen; flächendeckend gilt in der Innenstadt Tempo 30. An der Südseite der Eisenbahnbrücke über die Avenue Max Juvénal plätschert Europas größte Wasserwand (s. S. 39). Gemeinsam mit grünen Wänden und den zahlreichen Brunnen verhindert sie sommerliche Hitze-Inseln und verbessert so das Stadtklima.

DIE MAGIE DES MALERBERGS

Die rund 1000 Meter hohe Montagne Sainte-Victoire erhebt sich östlich der Stadt. Das 12 Kilometer lange Massiv wirkte auf Paul Cézanne magisch. Zweimal wandelte Autor Peter Handke 1979 auf den Spuren des Malers, erklomm

Rechts: Im Schatten schroff aufragender Felswände besuchen Touristen die Shops und Cafés von Moustiers Sainte-Marie.
Mitte rechts: Die durchfurchten Felsen der Montagne Sainte-Victoire faszinierten Künstler wie Paul Cézanne und Pablo Picasso.

Das ehemalige Zisterzienserkloster Le Thoronet aus romanischer Zeit besticht noch heute mit seinen schlichten Bauformen.

Ein außergewöhnliches Ensemble: Das klassizistische Rathaus in Saint-Maximin-la-Sainte-Baume schließt an die monumentale gotische Basilika Sainte-Marie-Madeleine an.

Auch wenn im Umland der Gorges du Verdon der Tourismus und nicht mehr die Landwirtschaft wichtigster Wirtschaftsfaktor ist, wird der Wohnmobiltourismus doch gelegentlich ausgebremst – dann verschaffen sich Schafe und Esel Vorrang.

und umrundete den Berg – und erkannte in der Auseinandersetzung mit Cézanne, dem „Menschheitslehrer der Jetztzeit" (Handke), seine eigene Poetik. Seine Erkenntnis hielt Handke in „Die Lehre der Sainte-Victoire" (1984; Suhrkamp) fest.

Fasziniert vom Berg war auch Pablo Picasso, der 1958 das festungsartige Renaissanceschloss von Vauvenargues als Altersruhesitz wählte. Die Einsamkeit aber trieb den Maler doch zurück an die Côte d'Azur. Seit 1973 ruhen seine Gebeine im Garten von Vauvenargues. 2009 öffnete Picassos Stieftochter Catherine Hutin erstmals die Tore des Anwesens für Besucher. Doch das Dorf reagierte und forderte aus Angst vor Massentourismus die Begrenzung der Besucherzahlen. Seit 2014 ist dort Schluss mit Besuchen. Doch lockt das Mysterium Picasso weiterhin Fans nach Vauvenargues.

OUTDOOR & ADVENTURE

Im Quartär bedeckten eiszeitliche Gletscher die Provence. Nach der Eisschmelze schuf ein Fluss im Kalk eine spektakuläre Schlucht: die Gorges du Verdon. Bis zu 700 Meter hoch ragen die weißen Felswände auf, durch die sich der Verdon als schmales Rinnsal zwängt. Staustufen haben ihn gezähmt, Fluor hat ihn smaragdgrün gefärbt. Öffnen die Staustufen bei einem „lâcher d'eau" die Tore, freuen sich Paddler und Raftingfans über weiß schäumendes Wildwasser: einer der Kicks für Outdoor-Fans.

1905 war der französische Höhlenforscher Édouard Alfred Martel beauftragt worden, zu erkunden, ob die Schlucht für die Stromerzeugung zu nutzen sei. Nach drei Tagen meldete er: Es lohnt sich. Seiner Route folgt heute ein mit Seilen und Stegen gesicherter Wanderweg. Schritt für Schritt geht es so über Gesimspfade hinein in die Erdgeschichte. Am Pré d'issane, dem tiefsten Punkt der Schlucht, erreicht der Weg den Fluss. Mitunter kommen den Wandernden Badelustige mit Handtuch entgegen: Auch idyllische Ministrände und Badegumpen hat der Verdon geschaffen.

Cézanne und van Gogh

DIE PROVENCE IN REICHEN FARBEN

In der Rue de l'Opéra von Aix-en-Provence wurde 1839 ein Maler geboren, der wie wohl kein Zweiter die Impressionisten in den Süden lockte: Paul Cézanne. Aber auch Vincent van Gogh wurde vom Flair der Provence in den Bann gezogen – und war in Arles und Saint-Rémy ungeheuer produktiv.

Es scheint im Atelier von Paul Cézanne in Aix-en-Provence, als sei der Maler nur eben schnell mal fortgegangen.

In seinem Werk hat Paul Cézanne mehrfach die Montagne Sainte-Victoire verewigt. 1902, mit 63 Jahren, wechselte er zum allerletzten Mal sein Atelier und zog nach Les Lauves in die Nähe der Bergkette. Bis zu seinem Tod 1906 arbeitete der Maler in diesem Atelier der Stille und des Lichts und schuf Meisterwerke – darunter auch die „Großen Badenden". Für den Transport seiner großformatigen Tableaus ließ Cézanne neben den Atelierfenstern einen Schlitz in die Wand einhauen und mit einem Flaschenzug versehen. Sein Atelier ist bis heute unverändert – und gewährt anrührende Einblicke in sein Leben und Werk.

SPUR DES MALERS DER PROVENCE

In seiner Zeit in Aix tafelte Cézanne mit seinem Freund, dem Schriftsteller Émile Zola, am Cours Mirabeau in einer Brasserie, die mit vergilbten Spiegeln, Lüstern, Stuck, Gold und Glanz ein Schmuckstück der Belle Époque ist: Les Deux Garçons (Abb. S. 29). Das einzige Porträt, das Cézanne je von Zola malte, hängt in Aix im Musée Granet, umgeben von weiteren Werken des Malers. In den historischen Mauern hatte Cézanne von 1857 bis 1862 zeichnen gelernt – das alte Priorat des Malteserordens barg damals die frei zugängliche Zeichenschule der Stadt. Immer wieder hielt Cézanne die Provence mit ihren Straßen, Orten, Landschaften und Menschen in Ölbild, Zeichnung oder Aquarell fest.

Seine tiefe Verbundenheit mit der Provence sollte Cézanne auch später stets begleiten. Sein erstes Atelier richtete sich der junge Maler um 1862 im Familiensitz Bastide du Jas de Bouffan in Aix ein. Gelegentlich stellte er die Staffelei im Park, am Haus oder an der Kastanienallee auf und arbeitete im Freien, „en plein air" – eine Innovation zu seiner Zeit.

Auf der Suche nach Motiven war er später viel unterwegs, ab 1864 gelegentlich auch in L'Estaque. Der Chemin de Peintre dort gewährt Blicke, die Maler wie Georges Braque auf die Leinwand bannten.

VERWANDELTER KALKSTEIN

Ab 1895 wurde Cézannes Lieblingsmotiv ein Berg, der die Landschaft seiner

In warmen Gelbtönen und einem tiefen Dunkelblau malte Vincent van Gogh 1888 in Arles die „Caféterrasse am Abend" (Kröller-Müller Museum, Otterlo). Annähernd gleich angeordnet sind heute die Tische im Café van Gogh (links) an der Place du Forum in Arles.

Heimat dominiert: die Montagne Sainte-Victoire. Die berühmtesten Bilder vom schroffen Kalkriegel malte er vom Chemin de la Marguerite auf der Colline des Lauves, zu der er seine 20 kg schweren Malutensilien morgens hinaufschleppte, mittags hinab. Mitunter ging es nachmittags erneut hinauf und hinab – angesichts seines Alters und seiner Zuckerkrankheit eine wirklich beachtliche Leistung.

Für Kunstfans hat Aix dort mit Blick auf den markanten Gipfel das „Terrain des peintres" gestaltet und Reproduktionen der schönsten Sainte-Victoire-Ansichten aufgestellt.

»WENN MAN DORT GEBOREN WURDE, IST ES UM EINEN GESCHEHEN, MAN KANN SICH FÜR NICHTS ANDERES MEHR BEGEISTERN.«

Paul Cézanne

Die Fondation Vincent van Gogh zeigt im schmucken Stadtpalais Léautaud de Donines in Arles Gemälde des Niederländers im Dialog mit Werken zeitgenössischer Künstler.

Fakten & Informationen

Besichtigungen, Spaziergänge & Führungen

Paul Cézanne

Aix-en-Provence: Geführte Besichtigung: Auf den Spuren von Paul Cézanne, Office de Tourisme, April–Okt. Do. 10.00 Uhr, 10 €, cezanne-en-provence.com.

Rundgang: Metallplatten, die ein C tragen, kennzeichnen eine Route, die vom Geburtshaus des Malers bis zum Friedhof Saint-Pierre führt, wo er 1906 seine letzte Ruhestätte fand.

Atelier Paul Cézanne: s. „Infos & Empfehlungen", S. 37.

Vincent van Gogh

Arles: Fondation Vincent van Gogh: s. „Infos & Empfehlungen", S. 66.

Circuit Van Gogh: arlestourisme.com/de/van-gogh-rundgang.html; Faltblatt beim Office de Tourisme. Rundgang zu zehn Orten in Arles, an denen van Gogh seine Staffelei aufgestellt hat.

Saint-Rémy-de-Provence:

Centre d'Interprétation Van Gogh: Musée Estrine, 8, rue Lucien Estrine, https://musee-estrine.fr (Link: „Le Centre d'interprétation Vincent Van Gogh"), Di.–So., Juli/Aug. 10.00–18.30, März, Nov. 14.00–17.30, April, Okt. 10.00–12.00, 14.00–18.00, Mai, Juni, Sept. 10.00–18.00 Uhr, Dez.–Feb. geschl., 7 €. Hintergrund und Erläuterungen zu den 150 Werken, die während des Aufenthaltes von van Gogh im Hospice Saint-Paul de Mausole entstanden.

Saint-Paul de Mausole: Chemin Saint-Paul, saintpauldemausole.fr (Link: „Centre Culturel"), April–Sept. 9.30–19.00, Okt.–März 10.15–12.00, 13.00–17.15 Uhr, 7 €. Zu besichtigen sind das Zimmer im Männertrakt, in dem van Gogh 53 Wochen verbrachte, der Garten und eine Galerie.

Ein zweites Motiv fand Cézanne zu Füßen der Berge: aufgelassene Steinbrüche, die Carrières de Bibémus (3090, chemin de Bibémus). Rund um eine Hütte, in der der Künstler seine Werke lagerte und manchmal auch nächtigte, führt ein Weg zu den Stellen, die Cézanne zu Meisterwerken wie „Der rote Felsen" inspirierten.

IM LICHT DES SÜDENS

Das Licht der Provence lockte auch Vincent van Gogh (1853–1890). Am 22. Februar 1888 traf er in Arles ein, durchstreifte Stadt und Land und malte wie besessen: Ernteszenen, Landschaften und Porträts – 300 Bilder in 15 Monaten. Ein markierter Rundweg folgt heute seinen Motiven – vom „Gelben Haus", das van Gogh im Mai 1888 mietete, über die Caféterrasse an der Place du Forum hin zur Brücke im Viertel Trinquetaille und zu den Alyscamps, der römischen Nekropole, die er gemeinsam mit seinem Malerfreund Paul Gauguin 1888 in Öl festhielt.

Am Abend des 23. Dezember schnitt sich van Gogh nach einem Streit einen Teil seines linken Ohrs ab. Nachbarn ließen den „Fou roux", den verrückten Roten, ins Irrenhaus einliefern. Ein Jahr (1889/90) verbrachte der Künstler darauf im Kloster Saint-Paul de Mausole in Saint-Rémy. In dieser Zeit entstanden Werke wie die „Die Sternennacht".

„Grabende Bäuerinnen auf schneebedecktem Feld" und „Olivenbäume": Leidenschaft und Ausdrucksstärke kennzeichnen die Malweise von Vincent van Gogh in seinem Spätwerk.

Maßstab 1:350.000
0
6km
Parc Naturel du Luberon
Colorado de Rustrel
Montagne du Luberon
Plateau de Valensole
Parc Naturel Régional du Verdon
Réserve Géologique de Haute Provence
Route Napoléon
Grand Canyon du Verdon
Basses Gorges du Verdon
Grand Plan de Canjuers
Montagne de Barjaude
Montagne Ste Victoire
Mont Aurélien
Chaîne de l'Etoile
B. de Mont Major
B. de Bessillion
Route de la Lavande
Lac de Ste Croix
Apt
Forcalquier
Manosque
Pertuis
AIX-EN-PROVENCE
Gardanne
Rians
Barjols
Riez
Valensole
Moustiers-Ste Marie
Castellane
Aups
Salernes
Cotignac
Tourtour
Lorgues
DRAGUIGNAN
Brignoles
St-Maximin-la-Ste-Baume
Le Luc
Vidauban
Mirabeau
Meyrargues
Vauvenargues
Peyrolles
Vinon-sur-Verdon
Gréoux-les-Bains
Quinson
Montmeyan
Carces
Tourves
Trets
1
2
3
4

FRANZÖSISCHE LEBENSART

Aix-en-Provence ist das Paris der Provence, eine Metropole, in der nicht nur die Wirtschaft brummt, sondern auch Kultur und französischer Lebensstil Akzente setzen. Jenseits der Montagne Sainte-Victoire prägt der Verdon den Osten der Provence: Hier locken Europas tiefster Canyon, glasklare Seen und sprudelnde Thermalquellen.

1 Aix-en-Provence

Alleen aus Platanen, große Plätze und Brunnen: Die historische Hauptstadt der Provence (147 000 Einw.), 122 v. Chr. als erste römische Stadt auf gallischem Boden mit dem Namen Colonia Aquae Sextiae Salluviorum gegründet, gehört zu den schönsten Städten Frankreichs. Aix ist heute eine Kulturmetropole mit internationaler Strahlkraft.

SEHENSWERT

Große Bäume, prächtige Palais und schmucke Cafés rahmen den **Cours Mirabeau** – angelegt wurde die Flaniermeile der Stadt 1651 allerdings als Ort für Hinrichtungen. Südlich des Boulevards beginnt das vornehme Mazarin-Viertel. Ähnlich repräsentativ ist die nördlich der Flanierstraße gelegene Altstadt von Aix mit Adelspalästen des 17. und 18. Jh.s, weiten Plätzen sowie grandiosen Kirchen wie der **Cathédrale Saint-Sauveur** (rue de Gaston de Saporta; ab 12. Jh.) mit dem Triptychon „Der brennende Dornbusch" (15. Jh.) von Nicolas Froment. Auf der **Place de l'Hôtel de Ville** verkaufen Markthändler vor dem italienisch inspirierten Rathaus morgens Blumen, an der Place Richelme steht seit 250 Jahren die **Ancienne Halle aux Grains** (Getreidehalle, heute Post). Im Südwesten grenzt die Altstadt an das **Forum Culturel,** einen um 2006 errichteten Kulturkomplex mit dem Grand Théâtre de Provence (GTP) von Vittorio Gregotti, dem Pavillon Noir von Rudy Ricciotti (für das Centre Chorégraphique National), dem nach dem Vorbild von Origami von Kengo Kuma entworfenen Conservatoire Darius Milhaud und der Cité du Livre als Stadtbibliothek. In der Nähe gestaltete der Designer Christian Ghion 2014 die **Mur d'eau**, die größte **Wasserwand Europas** (525 m², ave. Max Juvénal, s. S. 39) – nachts ist sie illuminiert! Die grüne Mauer auf ihrer Nordseite mit rund 20 000 Pflanzen entwarf P. Blanc.

MUSEEN

Das **Musée Granet** zeigt Archäologie und Kunst, darunter zehn Gemälde von Paul Cézanne (place Saint Jean de Malte, Tel. 04 42 52 88 32, museegranet-aixenprovence.fr/accueil, Juli/Aug. Di.–So. 10.00–19.00, sonst 12.00 bis 18.00 Uhr, Erw. 6,50 €). Das vermeintlich schönste „hôtel particulier" (Stadtpalais) von Aix verwandelte sich 2015 für 13 Mio. Euro in

Ein Rundgang durch Aix-en-Provence schließt den Cours Mirabeau, die imposante Krypta der Kathedrale (o. re.) und die Thermes Sextius ein.

das **Caumont Centre d'Art** (3, rue Joseph Cabassol, Tel. 04 42 20 70 01, caumont-centre-dart.com, tgl., Mai–Sept. 10.00–19.00, sonst bis 18.00 Uhr, bei Ausstellungen Fr. bis 21.30 Uhr, Erw. 14.50 €), das seitdem hochkarätige Sonderschauen zeigt. Originalgetreu ist das **Atelier de Cézanne** TOPZIEL gestaltet (9, avenue Paul Cézanne, Tel. 04 42 21 06 53, cezanne-en-provence.com, Link: „les sites de Cézanne/The Cézanne Sites", tgl. 10.00–12.00, 14.00–17.00, April–Juni, Sept. bis 18.00, Juli/Aug. 10.00 bis 18.00 Uhr, 6,50/3,50 €, Audioguide 3 €).
Die Hügel des Viertels Jas de Bouffan, in dem sich das elterliche Anwesen Paul Cézannes befand, dominiert das monumentale Rechteck der **Fondation Vasarely** mit geometrischen Formen in Weiß und Schwarz, die der Künstler 1976 selbst auf die Fassade malte (1, avenue Marcel Pagnol, Tel. 04 42 20 01 09, fondation vasarely.org, tgl. 10.00–18.00 Uhr, Erw. 15 €).

ERLEBEN

„Luxe, calme et volupté": Dafür stehen die **Thermes Sextius d'Aix** (55, ave. des Thermes, thermes-sextius.com). Frankreichs größter Indoorspielplatz für Kinder bis 12 Jahren ist seit 2017 ein **Gulli Parc.** Er lockt mit Playmobil- und XXL-Lego-Land, Minikart, Riesenrutschen sowie Ruhezone mit 400 Büchern, DVDs und WLAN für Eltern (rue des frères Perret, Tel. 04 42 38 94 85, gulli-parc.com, Juli/Aug. tgl. 10.00–18.00, sonst Mi., Sa./So. bis 19.00, Do., Fr. 14.00–19.00 Uhr, ab 9,50 bzw. 12 €). Sehr abwechslungsreich ist das **Opern- und Musikfestival** im Juni/Juli (festival-aix.com).

HOTELS

Im Mazarin-Viertel ist ein Stadtpalais von 1785 in das Boutiquehotel **€€€/€€€€ La Maison d'Aix** verwandelt (25, rue du 4 Septembre, lamaisondaix.com). Im zentral gelegenen **€€ Hôtel Le Concorde** haben einige Zimmer zum Hof einen Balkon (68, bd. du Roi René, hotel-aixenprovence-concorde.com).

RESTAURANTS

Neben der Brasserie Les Deux Garçons (S. 29) gehört das **€–€€€ Café Grillon** zu den letzten großen Traditionsbrasserien am Cours Mirabeau (49, C. Mirabeau, cafelegrillon.com). In der Weinbar **€€ Le Petit Verdot** empfiehlt

Jean-Yves Cuppari den passenden Tropfen zur traditionellen Bistroküche von Raphaël Jordy (7, rue d'Entrecasteaux, lepetitverdot.com).

EINKAUFEN
Auf der **Place Verdun** gibt es Di. und Do. Handwerk und Trödel, auf der **Place de Richelme** jeden Morgen frisches Gemüse. Die Calissons d'Aix sollen 1473 zur Hochzeit des Herzogs von Anjou kreiert worden sein – vom Herrscher höchstpersönlich, der damit den traurigen Blick seiner Zukünftigen aufheitern wollte. In der **Confiserie du Roy René** sind die Klassiker nicht minder schmackhaft als neue Kreationen (13, rue Gaston de Saporta, calisson.com).

Tipp

Provence-Genuss für daheim

Mit „aix & terra" benannten Marina und Richard Alibert ihre kleine, feine Manufaktur für Genuss à la Provence in Saulce-sur-Rhône, samt gläserner Produktion, Bistro und Boutique. Julien Allano, Küchenchef des Gourmethotels Clair de la Plume in Grignan, hat für aix & terra eigens traumhafte Genüsse kreiert. Die Köstlichkeiten von Confits fruits bis Honig gibt es auch in einem Delikatessenladen in Aix-en-Provence sowie in fünf Restaurants (Saulce-sur-Rhône, Valence, Romans-sur-Isère, Cannes, Marseille).

Place Richelme, 32, rue Vauvenargues, Aix-en-Provence, Tel. 04 42 09 43 81, epicerie-fine.aixetterra.com

UMGEBUNG
Vom Parkplatz Puits d'Auzon am Col des Portes (20 km östl.) aus lässt sich die **Montagne Sainte-Victoire** erklimmen: Im Süden ragen ihre Felswände steil auf, die Nordflanke prägen flache Hügel. Monumental überragt die Basilika (1532) den Ort **Saint-Maximin-la-Sainte-Baume** (ca. 45 km östl.). Mehr als 10 000 Menschen aus 27 Ländern wurden in der einstigen Ziegelei von Les Milles gefangen gehalten. Seit 2013 ist das einstige zentrale Lager des Vichy-Regimes in Südfrankreich als **Site-Mémorial du Camp des Milles** eine Gedenkstätte (9 km westl., 40, chemin de la Badesse, campdesmilles.org, tgl. 10.00–19.00 Uhr, Erw. 9,50 €).

INFORMATION
Office de Tourisme d'Aix-en-Provence, Les Allées Provençales, 300, avenue Giuseppe Verdi, 13605 Aix-en-Provence, Tel. 04 42 16 11 61, aixenprovencetourism.com

Moustiers Sainte-Marie (o.), St-Maximin-la-Sainte-Baume (o. re.). Per Tretboot durch den ruhigen Abschnitt der Gorges du Verdon (re.)

2 Gréoux-les-Bains

Bereits die Kelten genossen die 42 Grad Celsius warmen Thermalquellen des charmanten Kurortes (2780 Einw.) am Verdon, den die Ruine der mächtigen Tempelritterburg überragt.

SEHENSWERT
Auf ihre Templer sind die Bewohner von Gréoux stolz, und sie stört es wenig, dass das **Château de Templier** (12. Jh.; heute mit Ausstellungen) nie im Besitz des Templerordens gewesen ist, sondern den Maltesern gehört hat. Seit 1967 staut der 54 m hohe Damm der Barrage de Gréoux den Verdon zum 3,28 km² großen **Lac d'Esparron** – zum Baden eignet sich hier gut die **Plage de Saint Julien**.

UMGEBUNG
Auf dem Hochplateau zwischen dem Tal der Durance und dem Lac de Sainte-Croix gedeiht der Echte Lavendel. Mitte Juli feiert **Valensole** (28 km nördl.) ein großes Lavendelfest.

Tipp

Sprudel für die Gesundheit

Vom heißen Thermalwasser der **Thermes Trogodytes** schwärmten schon die Römer. Heute massieren Hydrojets müde Muskeln, sorgt ein Kaolinbad in Schwerelosigkeit für tiefe Entspannung, machen Aquabikes das Fitnesstraining leicht.

Avenue du Verdon, 04800 Gréoux-les-Bains, Tel. 08 26 46 81 85

INFORMATION
Office de Tourisme, place de l'Hôtel de Ville, 04800 Gréoux-les-Bains, Tel. 04 92 78 01 08, greoux-les-bains.com

3 Moustiers Sainte-Marie

In den Gassen von Moustiers Sainte-Marie (710 Einw.) wird seit Jahrhunderten getöpfert.

SEHENSWERT
Von der einzigen Straße, die das Dörfchen durchzieht, zweigen Kopfsteingassen und Treppenwege ab, hin zu lauschigen Plätzen, plätschernden Brunnen, Cafés, Restaurants und Kunsthandwerkläden. Zu den renommierten **Werkstätten** für Steingut gehören die Ateliers Bondil (place de l'église; faiencebondil.fr), Lallier (quartier Saint-Jean, lallier-moustiers-04.com) und Mufraggi (place Jean-Baptiste Pomey, faiencemufraggi.com). Über den Ziegeldächern thront die romanische **Chapelle-de-Notre-Dame** (12. Jh.), zu der 262 Stufen hinaufführen – von ihrer Terrasse schweift der Blick bis zum **Stausee Lac de Sainte-Croix.** Über der Kapelle hängt an einer 135 m langen Kette, die zwischen zwei Bergspitzen befestigt ist, ein vergoldeter fünfzackiger Stern – der Kreuzritter Blacas soll ihn einst der Muttergottes gewidmet haben.

MUSEUM
Traditionelle Fayencen, aber auch modernes Dekor zeigt das seit 2023 frisch sanierte **Musée de la faïence** (rue du Seigneur de la Clue, musee-moustiers.fr, April–Okt. Mi.–Mo. 10.00–12.30 und 14.00–18.00/19.00 Uhr, Schulferien in Frankreich: Mi.–Mo. kürzer; Nov.–März nur Sa./So.; 5 €).

ERLEBEN
Stand-up-Paddling, Fahrten per Elektro- und Segelboot auf dem **Lac de Sainte-Croix,** Wandern, Klettern, Canyoning in der **Verdon-Schlucht** – es gibt hier zahllose Varianten.

HOTEL
Die Zimmer sind klein, Parkplätze fehlen: Die traditionsreiche **€€ Auberge Le Relais** macht dies mit herzlichem Ambiente, urfranzösischer Küche und Charme wett (ave. de Lérins/ Ecke passage du cloître, provenceweb.fr/04/ le-relais/index.htm).

UMGEBUNG
Antike, Mittelalter und Renaissance treffen in den Bauten von **Riez** (15 km westl.) aufeinander, das von den Kelten gegründet wurde. Das Zisterzienserkloster **Le Thoronet** (ca. 60 km südl.) wurde von 1160 bis 1230 errichtet.

INFORMATION
Office de Tourisme, Maison de Lucie – place de l'Église, 04360 Moustiers Sainte-Marie, Tel. 04 92 74 67 84, moustiers.fr

4 Gorges du Verdon

Zwischen Castellane und dem Lac de Sainte-Croix hat sich der Verdon tief in den hellen Kalk gegraben und auf 21 km Länge Europas größte Schlucht geschaffen – spektakulär!

SEHENSWERT
Zwei Panoramastraßen erschließen die Schlucht, die **Gorges du Verdon** **TOPZIEL.** Am Nordufer leitet die D 952 zum Point Sublime und Belvédère de Mayreste. Ab La-Palud-sur-Verdon führt die Route des Crêtes (D 23) als große Runde zu weiteren schwindelerregenden Aussichtspunkten direkt an der Canyonkante. Die Panoramastraße des Südufers ist die Corniche Sublime (D 71) nach Aiguines – halten Sie an den Balcons de la Mescla, am Pont de l'Artuby und am Cirque de Vaumale, um einen Blick in die Tiefe zu riskieren.

MUSEUM
Wie eine Höhle im Fels hat Stararchitekt Lord Norman Foster das **Musée de Préhistoire des Gorges du Verdon** gestaltet, das die Vorzeit der Siedlungsgeschichte dieser Region lebendig dokumentiert (route de Montmeyan, Quinson, museeprehistoire.com, Mi.–Mo., Juli/ Aug. 10.00–20.00, April–Juni, Sept. bis 19.00, Okt.–15. Dez., Feb., März 10.00–18.00 Uhr, 8 €).

ERLEBEN
Klassiker der markierten Wanderwege ist der 18 km lange, anspruchsvolle **Sentier Martel** vom Chalet de la Maline zum Point Sublime (Markierung: rot-weißer Doppelbalken, Taschenlampe!). Am Südufer folgt der **GR 99** der gesamten Schlucht. Die wichtigsten Routen zum **Klettern** stellt der jährlich aktualisierte Führer der Klettervereinigung Lei Lagramusas vor (über Facebook).

WÄNDE FÜR BESSERES KLIMA

Grün gefärbte Haare sind sein Markenzeichen. Und grün sind auch alle seine Projekte: Patrick Blanc ist Frankreichs Weltstar der grünen Wände. Seit 20 Jahren begrünt er Fassaden weltweit. Und auch in Aix-en-Provence hat der Meister der lebendigen Wände gewirkt. Dort schuf er 2008 für die Nordfassade der Brücke Pont Max Juvénal auf 650 Quadratmetern einen grünen Mikrokosmos, der die Luft filtert, Sauerstoff produziert, CO_2 senkt – und so das Mikroklima verbessert.

Der optische Hingucker hat einen ernsten Hintergrund: Er hilft der Stadt, die Folgen des Klimawandels zu mindern. Begrünte Fassaden können bei Regen Wasser viel besser aufnehmen als Stadtbäume am Boden. Drahtgeflecht und Filz halten die rund 20 000 Pflanzen der „grünen Lunge" des neuen Stadtviertels im Sextius-Mirabeau, in dem sonst der Stein dominiert.

Das Stadtklima zu verbessern ist auch die Aufgabe der Südfassade der Eisenbahnbrücke über die Avenue Juvénal. Für sie entwarf der französische Designer Christian Ghion „le mur d'eau". Die 525 Quadratmeter große und 15 Meter hohe Wasserwand

„Le mur d'eau", die Wasserwand (li.), sorgt für günstiges Mikroklima. Das tun auch viele grüne Hausfassaden in Aix-en-Provence.

gehört zu den größten derartigen Wänden in Europa. 50 Kubikmeter Wasser fließen rund um die Uhr, tagein, tagaus, die Fassade hinab, werden aufgefangen und wiederverwendet. Nachts setzen leistungsstarke LED-Scheinwerfer die Wasserwand in Szene. Was sie bewirkt, zeigt sich besonders im Sommer. Die Wasserwand gleicht Klimaschwankungen aus und verhindert Wärmeinseln. Und sorgt so für weniger Hitze und Staub in der alten Stadt.

Aufbau:
- **Installation:** Leichtmetallgerüst mit aufgeschraubten Hartschaumplatten aus Polyvinylchlorid, auf die Filz aus recycelter Altkleidung als Wasserspeicher und Wurzelbasis kommt.
- **Bewässerung:** in geschlossenem Kreislauf
- **Pflanzen:** u. a. Moose, Farne, Zwergkoniferen, Zistrose, Sonnenröschen; 30–35 Pflanzen pro Quadratmeter
- **Filterkraft:** pro Jahr 8,8 kg Feinstaub und 300 kg CO_2 auf 1000 m^2 Fläche

A LOUER
06 11 56 15 11
Rue de la République
LA SAMARITAINE
GRANDS CARMES
Bourse - Musée d'Histoire
Phocéens
République

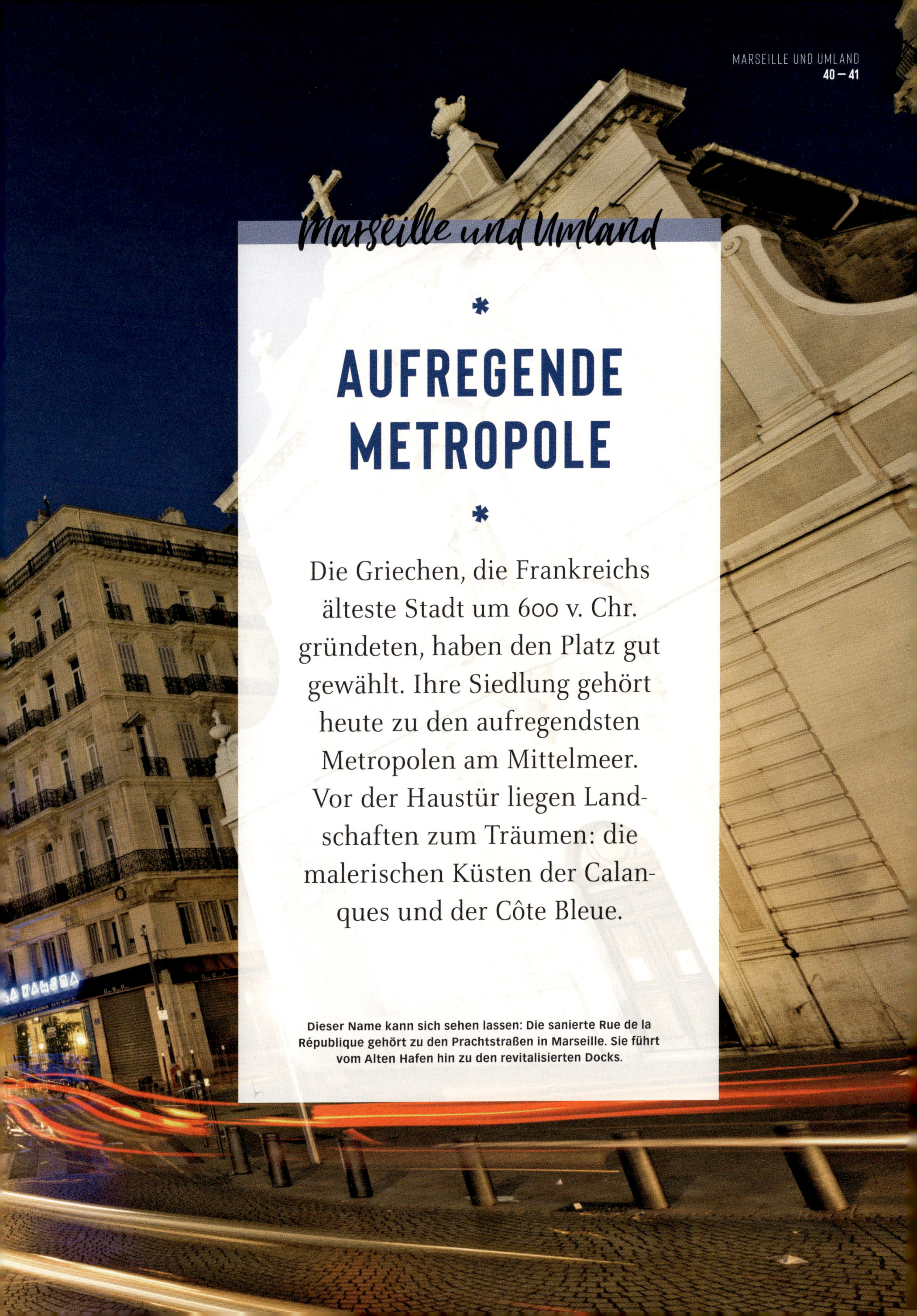

Marseille und Umland

*

AUFREGENDE METROPOLE

*

Die Griechen, die Frankreichs älteste Stadt um 600 v. Chr. gründeten, haben den Platz gut gewählt. Ihre Siedlung gehört heute zu den aufregendsten Metropolen am Mittelmeer. Vor der Haustür liegen Landschaften zum Träumen: die malerischen Küsten der Calanques und der Côte Bleue.

Dieser Name kann sich sehen lassen: Die sanierte Rue de la République gehört zu den Prachtstraßen in Marseille. Sie führt vom Alten Hafen hin zu den revitalisierten Docks.

Rechts: Hoch hinauf geht es vom Hafen zur Kirche Notre-Dame de la Garde, die seit 800 Jahren über die Marseiller wacht.

Unten: Das Stadtzentrum rund um den Alten Hafen prägen auch die Zuwanderer.

Links: Wie ein Sprungbrett ragt die Villa Méditerranée an der neu gestalteten Mole J4 am Hafen von Marseille auf. Den dreigeschossigen Bau entwarf der italienische Architekt Stefano Boeri.

Zum Kulturhauptstadtjahr 2013 schenkte sich Marseille das MuCEM, das Museum aller Mittelmeer-Kulturen.

Der Palais de la Bourse am Vieux-Port, dem Alten Hafen, wurde 1860 von Napoleon III. eingeweiht.

> **»EINE STADT DER EXTREME, DIE IN KEINE SCHABLONE PASST UND DIE IMMER VOLLER FARBEN SEIN WIRD.«**
>
> Michel Henri, in: Libération

Eine Stadt der Extreme, die nie steril sein wird, sondern immer voller Farben und Gerüche, oft arm, aber stets stolz. So beschreibt Michel Henri von der Tageszeitung *Libération* die Hafenstadt Marseille, die seit der Jahrtausendwende den in Europa wohl ambitioniertesten Stadtumbau versucht. 2013 Kulturhauptstadt, 2017 Sporthauptstadt Europas, werden 2024 in Marseille Olympische Segelwettbewerbe ausgetragen.

Ihr Image wandelt sich, doch noch immer verläuft durch die Stadt eine Trennlinie. Die Armen leben im Norden in Hochhausgettos, die Reichen im Süden in Villen mit Meerblick. Das einstige Viertel der kleinen Leute Le Panier oszilliert seit der Sanierung zwischen gewachsenen Strukturen, Gentrifizierung und Street-Art-Szene. Das sorgt für Kontraste. Der schillernde Kosmos, der sich hier präsentiert, inspirierte Schriftsteller wie Marcel Pagnol und Jean-Claude Izzo, brachte Rap-Legenden wie IAM hervor und machte Sessùn, Didier Parakian und Pellegrin & Fils aus der Modebranche zu international gefragten Designern.

DAS NEUE MARSEILLE GLÄNZT

Jahrhundertelang waren Seefahrt, Handel und Schiffbau die Säulen für Wohlstand. Der Bau des Suezkanals 1859 ließ Marseille als Tor zum Orient boomen. Prachtmeilen und Prunkvillen der Belle Époque zeugen vom damaligen Reichtum. Der Niedergang des Marseiller Handelshafens aber entzog der örtlichen Industrie den Boden, fast die Hälfte der Arbeitsplätze ging zwischen 1975 und 1990 verloren. Die Arbeitslosenzahlen explodierten, der Drogenhandel wuchs, fast ein Drittel der Stadtfläche verwandelte sich in Industriebrachen.

Im Zuge der Ernennung zur Kulturhauptstadt wurde der drohende Verfall der Stadt beendet. Wahrzeichen des neuen Marseille ist die Euroméditerranée, das revitalisierte Hafen- und Werftviertel, für das Stararchitekten aufsehenerregende Architektur geschaffen haben: Foster + Partners entwarfen das Spiegeldach des Vieux-Port, Rudy Ricciotti das MuCEM – Musée des Civilisations d'Europe et de Méditerranée, Zaha Hadid den Turm der Reederei CMA CGM, Massimiliano Fuksas das Euromed Center, Jean Nouvel das Hochhaus La Marseillaise in den Nationalfarben Blau, Rot, Weiß. Ausdruck des Wandels zur Dienstleistungsgesellschaft sind auch die von Éric Castaldi sanierten Hafenspeicher, in die Dienstleister wie France Télécom und BNP Paribas eingezogen sind.

Die 1,3 Kilometer lange Flaniermeile Rue de la République mit ihren Prachtbauten aus der Zeit von Napoleon III.

Marseille liebt Musik: Nicht nur in Vierteln wie Saint-Victor sorgen „Bandas" für Stimmung in den Straßen.

DIE MITTELMEERMETROPOLE LOCKT AUCH DIE PARISER, DIE SICH HIER IHREN ANGESAGTEN ZWEIT-WOHNSITZ SICHERN.

erstrahlt ebenfalls in neuem Glanz: verbreitert, mit 200 Bäumen bepflanzt und mit sandgestrahlten Fassaden.

Die Mittelmeermetropole lockt nun die Pariser. Sie sichern sich in Marseille eine Bleibe, ein angesagtes *pied-à-terre.* Denn dank des TGV ist die Hauptstadt nur drei Stunden entfernt.

SAUBER, NACHHALTIG, SICHER

Zudem wurde ein Stadtradsystem mit 2000 E-Bikes an 80 Stationen zusätzlich zu ca. 1000 Fahrrädern eingerichtet. Umweltfreundlich sind auch Segways, mit denen man Marseille aus einem anderen Blickwinkel kennenlernt: stylish und smart. Zwischen dem Rathaus und der Place aux Huiles pendelt ein Solarboot durch den Vieux-Port, und auch zu den Calanques geht es auf der MS Hélios mit Hybridmotor. Selbst den Müll bekommt Marseille immer besser in den Griff. Die Police de la Propreté kontrolliert die ordnungsgemäße Müllentsorgung. Stellt jemand seinen Abfallsack einfach vor die Haustür, droht ein Strafzettel.

HOTSPOT FÜR BLOCKBUSTER

Marseilles Revival schlägt sich in den Besucherzahlen nieder. Seit 1995 haben sich die Gästezahlen mehr als verdoppelt. Im Jahr 2022 zählte die Metropole über 8 Mio. Gäste, die nicht im Département daheim waren. Der Kreuzfahrthafen von Marseille ist mit über 500 Abfahrten die Nummer eins am Mittelmeer.

Täglich werden in der Stadt Filme gedreht. Netflix betitelte seine erste in Europa produzierte Serie „Marseille": Ihre zwei Staffeln mit 16 Episoden rund um den Bürgermeister Robert Taro (Gérard Départdieu) begeisterten weltweit mehr als 100 Mio. Zuschauer.

FILMREIFE CALANQUES

Angelina Jolie und Brad Pitt ließen sich für ihren Film „By the Sea" 2015 von einer abgelegenen Bucht im Osten von Marseille inspirieren, mitten in den Calanques. „Calanco" bedeutet im Provenzalischen „zerklüftet", und das ist die Küste bis nach Cassis in geradezu paradiesischer Schönheit. Wie an einer Perlenkette reihen sich mal kleinere, mal majestätische von Klippen überragte Buchten aneinander. Kiefern klammern sich an den Fels, Zikaden zirpen, türkisblau und glasklar ist das Wasser. 2011 wurde das Naturschutzgebiet zum einzigen Nationalpark Frankreichs geadelt, der nun Land- wie Meereszonen schützt.

Die *cabanons,* die Fischer einst als einfache hölzerne Hütten errichteten, sind heute gefragte Feriendomizile. Im kleinen *port de plaisance* dümpeln bunte *pointus,* Fischerboote. Wenige

Marseilles Vieille Charité, einst als Haus für die Armen erbaut, ist heute ein interdisziplinäres Kulturzentrum im Panier-Viertel. Wie das Rathaus der Stadt wurde es von Pierre Puget, dem Architekten des Sonnenkönigs, geschaffen.

Mitte: Mit seiner Massivität behauptet sich das Fort Saint-Jean gegenüber den neuen spektakulären Bauten Marseilles am Hafen. Oben: Nicht weit entfernt von der Festung erstrahlt die Cathédrale de la Major in romanisch-byzantinischem Stil.

Von der Sonne verwöhnt und immer im Trend – Marseille entwickelt Magnetwirkung; auch mit den Terrasses du Port, wo sich die In-Labels der Mode versammeln.

Oben: Über Cassis erhebt sich das Schloss der Familie Michelin, heute ein edles „Chambre d'hôtes".

Mitte: Die *pointus*, bunte Holzsegler der Fischer, sind im Hafen von Sanary-sur-Mer fest vertäut.

Oben: Diese Büste des Dichters Marcel Pagnol steht gleich am Eingang zu seinem Geburtshaus in Aubagne.

Immer noch ein beliebtes Motiv der Maler an der Küste: die bunten Häuser an der Hafenpromenade von Cassis

An der Küste südöstlich von Marseille verbindet die Corniche des Crêtes die Metropole mit Cassis und La Ciotat – spektakuläre Aussichten auf Fels und Meeresblau garantiert.

Kilometer von der Canebière entfernt ist vom turbulenten Großstadtleben nichts mehr zu spüren. Und doch ist man noch mit Marseille verbunden – denn die Calanques gehören zum Stadtgebiet.

MALERKÜSTE UND HINTERLAND

Bis Martigues erstreckt sich die Côte Bleue mit Pinien und Felsen und stillen Buchten. Auguste Renoir, Paul Cézanne, Raoul Dufy und auch August Macke zog es an die blaue Küste westlich von Marseille. Georges Braque malte Ansichten von L'Estaque. Später erreichte die Industrialisierung die Region. Nach Schließung der Fabriken machen nun die Franzosen in den Badeorten Urlaub unter sich.

Im hügeligen Hinterland hat Marcel Pagnol seine letzte Ruhestätte 1974 auf dem Friedhof in La Treille gefunden. Der Dichter hat dem Dörfchen mit „Der Ruhm meines Vaters" ein literarisches Denkmal gesetzt. Geboren wurde er 1895 in Aubagne im Schatten des Garlaban. Szenerien aus seinen Geschichten werden in der Cité de l'Art Santonnier Thérèse Neveu gezeigt. Seine Fans wandern von La Treille zur Bastide Neuve, in der Marcel ab 1904 glückliche Ferien verbrachte. Diese zu erwerben gelang ihm nicht, er kaufte aber das mit seiner Kindheit verbundene Château La Buzine, das nun Filme junger Regisseure zeigt.

Savon de Marseille

Duftend grün

Wie Handschmeichler liegen sie in der Hand oder sie bestechen durch ihre feine rechteckige Form, die Seifen *(savons)* mit den klangvollen Namen: Savon à la lavande, Savon au miel und Savon à l'olive.

Wer durch Marseille bummelt, entdeckt allerorten auch grüne Kuben: „Savon de Marseille" verrät ein Prägestempel. Und daneben, mal in größerer, mal in kleiner Schrift: 72 % *huile d'olive* (Olivenöl).

Schon optisch wie haptisch eine Wohltat

Leider sind Herstellung und Ingredienzien der echten Seife aus Marseille bis heute nicht geschützt. So gibt es viele Nachahmer, die – um den Verkauf anzukurbeln – Parfums hinzufügen oder gar, um noch mehr Gewinn zu machen, statt hochwertigem Olivenöl billiges Palmöl aus Asien verwenden.

Nur noch eine Handvoll Betriebe produziert tatsächlich weiterhin traditionell. Zu ihnen gehört die Savonnerie de la Licorne am Cours Julien in Marseille (savon-de-marseille-licorne.com). Zehn Tage lang wird dort die Rohseife gekocht, dann mehrfach mit reinem Wasser gewaschen, getrocknet, und schließlich werden mit einem gespannten Draht die berühmten olivgrünen Würfel geschnitten – wenn die Seife nicht in fantasievolle Formen gepresst wird. Den aufwendigen Ablauf kann man bei kostenlosen Führungen Montag bis Samstag anschauen – und im Duft schwelgen.

Die schönsten Märkte

SÜDLICHES FLAIR FÜR ALLE SINNE

Was gibt es Schöneres, als über die Märkte der Provence zu bummeln, an den Ständen lokale Erzeugnisse zu kosten, den Einheimischen beim Einkauf zuzusehen und die Vielfalt des Angebotes, die Aromen und Düfte, das Stimmengewirr und südliche Flair mit allen Sinnen zu genießen? Die schönsten Märkte der Provence – sieben auf einen Streich!

1

6

1 Markthalle

Der schnöde Bau von 1974, zum Platz hin mit vertikalem Garten begrünt, lässt von außen kaum ahnen, welch ein Schlaraffenland er im Innern birgt: Les Halles in Avignon – parken Sie bequem auf dem Dach der Markthalle! Ganz entspannt und urfranzösisch verläuft der Einkauf: Es gibt hier kein Gedränge, sondern vielmehr Zeit für einen Plausch, einen Kaffee oder auch ein Glas Wein. Zwischen frischem Obst und Gemüse steigt der Duft von knusprigem Baguette in die Nase, verbindet sich mit den würzigen Aromen hausgemachter Hartwurst und kräftigeren Noten, die vom Käsestand herüberwehen. So macht ein Marktbummel Spaß!

Avignon, Place Pie, avignon-leshalles.com, Di.–Fr. 6.30–14.00, Sa./So. bis 14.00 Uhr

2 Antiquitätenmarkt

Das Städtchen L'Isle-sur-la-Sorgue gilt nach Paris als der wichtigste Trödel- und Antiquitätenmarkt Frankreichs. Händler wie Bruno Langlois (Foto) verkaufen hier Schränke und Tische, Stoffe und Textilien, Gemälde und Grafiken in ihren Geschäften, die mitunter bis unter die Decke mit Antiquitäten vollgestopft sind. Doch das ist noch lange nichts im Vergleich zum großen Antiquitätenfest, das L'Isle-sur-la-Sorgue seit 1966 zweimal im Jahr – zu Ostern und Mitte August – feiert: die Antique Art & You: Von edlem Antiken bis zum echten Schrott gibt es bei etwa 300 ausstellenden Händlern (fast) alles.

L'Isle-sur-la-Sorgue, https://islesurlasorguetourisme.com/art-et-antiquite/foire-internationale, Ostern und Mitte Aug.

3 Provencemarkt

Als typischer Wochenmarkt der Provence gilt der große Samstagsmarkt von Apt, der seit dem Mittelalter die nördliche Innenstadt um die Cours Lauze de Perret, Place Jean Jaurès, Place des Martyrs de la Résistance, Place Saint-Pierre, Place du Postel und Place de la Bouquerie samt Seitenstraßen in Beschlag nimmt – mit bis zu 350 Ständen im Sommer. Dann ist der Besucherandrang so groß, dass extra ein kostenloser Shuttledienst zum Markt angeboten wird, der 1996 für seine Vielfalt und Authentizität als „marché d'exception français" ausgezeichnet wurde.

Apt, Innenstadt, Sa. 8.00–13.00 Uhr, luberon-apt.fr/experiences-luberon/le-marche-d-apt

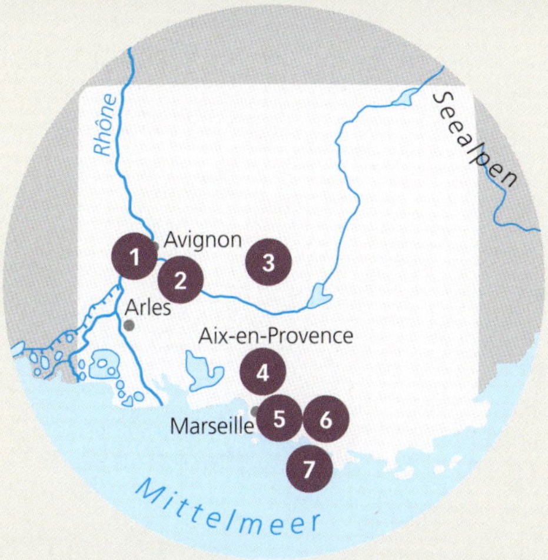

4 Blumenmarkt

Im Februar strahlen die Mimosen hellgelb in den Vasen, im Sommer konkurriert die Farbenpracht der Rosen mit den gebrochenen Tönen der Hortensien, im Herbst gesellt sich buntes Laub zu goldgelben Sonnenblumen, lila leuchtenden Astern und großblütigen Dahlien, im Winter verbreiten Christrosen, Ilex und rot blühende Poinsettie (Weihnachtssterne) weihnachtliches Flair: Der Marché aux Fleurs von Aix-en-Provence ist das ganze Jahr über ein Blütentraum. Auch, wer Kräuter sucht, wird hier fündig!

Aix-en-Provence,
Place de l'Hôtel de Ville,
Di., Do., Sa. 8.00–12.30 Uhr

5 Fischmarkt

Der legendäre Fischmarkt im Alten Hafen von Marseille ist etwas für Frühaufsteher. Jeden Morgen verkaufen die Fischer am Quai des Belges ihren Tagesfang – Seelachs, Seeteufel, Rotbarsch und Makrelen. Andere Händler haben sich auf Meeresfrüchte spezialisiert. Garnelen, Seeigel, Muscheln und mitunter auch die seltene Violet de Mer sind auf ihren hölzernen Auslagen zu finden. Doch nur, wer vor 9.00 Uhr kommt, kann sichergehen, alle Zutaten für die traditionelle Bouillabaisse noch hier zu finden!

Marseille,
Vieux-Port,
tgl. ab 6.00 Uhr

6 Töpfermarkt

„Argilla" nennt sich der größte Töpfermarkt Frankreichs, der in ungeraden Jahren im Sommer in Aubagne rund 200 Töpfer und Keramiker willkommen heißt. Fayence, Raku, Terrakotta, Steingut, Porzellan und glasierter Ton, Teller, Schalen, Schmuck und Figuren: Wie kein zweiter Markt spiegelt Argilla die kreativen Möglichkeiten wider, die dem Naturmaterial Ton innewohnen. Zum lebendigen Fest wird der Markt u. a. durch die langen Donnerstage mit Musik und Tombola. Weitere lohnende Töpfermärkte werden in Bonnieux (Ende März) und in Arles (Mai) abgehalten.

Aubagne, Innenstadt,
www.facebook.com/
ArgillaFrance, Juli/Aug.
tgl. 10.00–20.00 Uhr

7 Alleenmarkt

50 Kilometer östlich von Marseille ist jeden Mittwoch Marktzeit. Dann verwandeln rund 320 Händler das Fischerstädtchen Sanary-sur-Mer in einen riesigen Freiluftmarkt. Entlang des Boulevard d'Estienne d'Orves, der Allee am nördlichen Hafenrand, und der Place de la Tour verkaufen sie nicht nur Obst und Gemüse, Fisch und Meeresfrüchte, Fleisch und Käse, sondern schlichtweg alles, was man im Alltag brauchen könnte, selbst Möbel, Spielzeug und Wäsche.

Sanary-sur-Mer,
Boulevard d'Estienne
d'Orves,
Mi. vormittags

Marseille
Place d'Afrique
LA JOLIETTE
Pl. de Strasbourg
ST LAZARE
SAINT CHARLES
Pl. Leverrier
Pl. H. Dunant
Palais Longchamp
Bd. Philippon
Longchamp
Pl. des Marseillaises
Pl. J. Guesde
LES GR. CARMES
Pl. Sadi Carnot
Pl. A. Labadié
J. Thierry Boulevard
Boulevard de la Libération
AVENUES
Canebière
THIERS
BELSUNCE
Pl. des Moulins
HÔTEL DE VILLE
Pl. V. Gélu
Quai du Port
Vieux Port
Quai de Rive Neuve
Pl. du Gén. De Gaulle
Pl. Aug. et Fr. Carli
Place Jean Jaurès
CONCEPTION
Bd. Charles Livon
LE PHARO
Pl. de la Corderie
H. Bergasse
Pl. E. Pastré
Pl. de Rome
N. D. DUMONT
PREFECTURE
LODI
Pl. Castellane
Pl. du 4 Septembre
ST. VICTOR
LAMBERT
Pl. de Venise
VAUBAN
Prado Carénage
Maßstab 1:17.000
300m
1
2
3
4
5
6
7
8
9
10
11
12

Chaîne de l'Estaque
Chaîne de l'Etoile
MARSEILLE
(Grec: Massilia)
Île Ratonneau
Île Pomègues
AUBAGNE
Chaîne de St Cyr
Cassis
les Calanques
LA CIOTAT
Île de Riou
Parc National des Calanques
Maßstab 1:350.000
0
6km
13
14
15
16
17
18
19
20

MULTIKULTI AM MEER

Seit der Antike begeistert Marseille die Menschen. Einwanderer aus aller Welt haben die Mittelmeer-Metropole geprägt. Ganz nah sind hier provenzalische Landschaften wie aus dem Bilderbuch: die Klippen der Calanques und die Côte Bleue, auch die Collines de Garlaban, die Marcel Pagnol zu literarischen Meisterwerken inspirierten.

1 – 18 Marseille

Marseille (878 320 Einw.) hat sich in den letzten Jahren neu entwickelt – mit Architektur zum Staunen, Shopping der Superlative und Kultur rund um die Uhr.

SEHENSWERT

Gesäumt von Boutiquen, Bistros und Belle-Époque-Palästen strebt Marseilles Prachtstraße 1 **La Canebière** zum 2 **Vieux-Port** TOPZIEL, dem Alten Hafen mit seinen Ausflugsschiffen, Jachten und Kuttern – ihren Fang verkaufen die Fischer morgens am Kai, neben dem Spiegeldach von Lord Norman Foster. Auf einem Hügel (154 m) hat die Kirche 3 **Notre-Dame de la Garde** mit der vergoldeten Jungfrau ihren Platz (rue Fort du Sanctuaire, notredamedelagarde.com, tgl. 7.00–18.00 Uhr, korrekte Bekleidung!, keine Shorts, nicht zu viel Haut). Für die Mühe des Aufstiegs entschädigt ein 360°-Panorama. Das Innere der byzantinischen Basilika ist wie ein Märchen aus 1001 Nacht. Am Nordufer des Alten Hafens wurde **Le Panier** zum Kulturhauptstadtjahr 2013 saniert. Das älteste Viertel der Stadt lockt heute mit mediterran-dörflichem Erbe und trendigem Zeitgeist. Über Gassen, steile Treppen und lauschige Plätze geht es vom Quai du Port zur 4 **Vieille Charité** (2, rue de la Charité, vieille-charite-marseille.com, Di.–So. 10.00–18.00/19.00 Uhr, Dauerausstellung 6 €, sonst variabel), zu der 5 **Cathédrale de la Major**, dem 8 **Fort Saint-Jean** und zum 7 **MuCEM – Musée de Civilisations de l'Europe et de la Méditerranée.** Den südlichen

Tipp

Gucken & sparen!

Freie Fahrt im Nahverkehr und im Petit Train, kostenlos Museen besuchen und Rabatte bei anderen Attraktionen: Mit dem **City-Pass Marseille** sparen Sie beim Sightseeing – 24, 48 oder 72 Stunden lang (27, 37 bzw. 43 €).

Online-Buchung:
resa.marseille-tourisme.com

Facetten von Marseille: markant die Street-Art am Cours Julien, üppig verziert die Kuppeln der Basilika, streng reduziert die Cité Radieuse

Eingang des Vieux-Port schmückt der 9 **Jardin du Pharo,** den Napoleon III. rund um ein Palais für Kaiserin Eugénie errichten ließ – mit Aussicht auf den Hafen.
Traumhaft sind die Ausblicke von der 5 km langen Küstenpromenade **Corniche J. F. Kennedy,** die am Pharo beginnt und am Strand von Les Catalans endet. Weite Blicke eröffnen sich vom Dachgarten der 14 **Cité Radieuse**, die Le Corbusier als „vertikale Stadt" ersann.

MUSEEN

Bereits seine spektakuläre Architektur verleiht Ziel und Inhalt der Sammlung des 7 **MuCEM – Museum der Zivilisationen Europas und des Mittelmeerraums** TOPZIEL von Rudy Ricciotti Ausdruck (7, promenade Robert Laffont, mucem.org, Mi.–Mo. 11.00–18.00/19.00, Juli/Aug. 10.00–20.00 Uhr, 11 €). Gegenüber zeigt die Villa Méditerranée als **Cosquer Méditerranée** die faszinierende, bis zu 35 000 Jahre alte prähistorische Kunst einer Höhle, die sich in 37 m Tiefe in den Calanques im Wasser versteckt (promenade Robert Laffont, Esp. J4, grotte-cosquer.com, Juli/Aug. tgl. 10.00–21.00, sonst 9.30/10.00–18.30/19.30 Uhr, 16 €).

In der 1948 von den Architekten Champollion, Fernand Pouillon und René Egger erbauten Gesundheitsstation zeigt heute das 6 **Musée Regards de Provence** (allée Regards de Provence, avenue Vaudoyer, museeregardsdeprovence.com, Di.–So. 10.00–18.00 Uhr, 8,50 €) provenzalische Kunst des 19./20. Jh.s. Wie facettenreich heute das Kunstschaffen in der Provence ist, verrät der 10 **FRAC PACA** in einem Neubau des japanischen Architekten Kengo Kuma (20, boulevard de Dunkerque, fracpaca.org, Mi.–Sa. 12.00–19.00, So. 14.00 bis 18.00 Uhr, Erw. 14 €, 1. So. frei). Zu Ehren des Trinkwassers, das ein 85 km langer Kanal von der Durance in die Stadt leitet, wurde das monumentale 11 **Palais Longchamp** errichtet. Heute birgt der Historismus-Prunkbau im rechten Flügel das **Museum für Naturgeschichte**, im linken Flügel das **Städtische Kunstmuseum** mit Gemälden, Skulpturen und Zeichnungen des 16. bis 19. Jh.s (bd. Jardin Zoologique). Eine der besten Sammlungen französischer Kunst der Jahre 1900 bis 1960 birgt das 12 **Musée Cantini** (19, rue Grignan;

alle drei: musees.marseille.fr, Link „Musées", Di.–So. 10.00–18.00 Uhr, Erw. 6 €, 1. So./Monat frei). Das 13 **Musée des Arts décoratifs, de la faïence et de la mode** widmet sich Möbeln, Keramik, Tapisserien und weiteren schönen Objekten (Château de Borély, Parc de Borély, 132, avenue Clot Bey, musees-marseille.com). Stardesigner Ora-ïto eröffnete auf dem Dach der Cité Radieuse den 14 **Marseille Modulor** als 2500 m² große Bühne für Kunsttalente (280, bd. Michelet, mamo.fr, Juli bis Sept. Mi.–Mo. 11.00–18.00 Uhr, Eintritt frei).

ERLEBEN

Entdecken kann man Frankreichs jüngsten Nationalpark der Calanques auf **Törns,** die am Vieux-Port starten (bleuevasion.fr), bei **Seekajakfahrten** (destination-calanques.fr), **Tauch- und Schnorcheltouren** (plongee-a-marseille.fr) sowie **Wanderungen**. Aktive erkunden per **Stadtrad** Stadt, Küste und Hinterland auf markierten Radwegen und Voies Vertes (levelo.ampmetropole.fr).

HOTELS/RESTAURANTS

Am Cours Pierre Puget ist ein prachtvolles Stadtpalais in das Boutiquehotel **€€€€ C2** verwandelt (48, rue Roux de Brignoles, c2-hotel.com). Wind inspirierte die Künstler von Pixtil Studio zum stylishen Chambre d'hôte **€€ Au Vieux Panier** (13, rue du Panier, Kontakt nur per E-Mail, auvieuxpanier.com). Für die Cité Radieuse gestaltete Le Corbusier auch das **€–€€€ Hôtel Le Corbusier** (www.hotellecorbusier.com).

Tipp

Köstliche Schiffchen

José Orsoni: „Kosten Sie! Sind sie nicht köstlich, meine knusprigen Navettes? Diese Schiffchen gab es früher nur zu Mariä Lichtmess, und bis heute werden sie am 2. Februar bei der Fête de la Chandeleur gesegnet. Doch heute backe ich die Schiffchen in meiner Bäckerei in Le Panier das ganze Jahr – denn nicht nur die Einheimischen lieben sie!"

Les Navettes des Accoules, 68, rue Caisserie, Tel. 04 91 90 99 42, les-navettes-des-accoules.com

Die Küste entfaltet ihren Reiz mit Hafenorten wie Cassis (o.), der Innenstadt von La Ciotat (o. re.) und im Strandleben nahe Marseille (u.).

Bei **€€/€€€ Chez Fonfon** gibt es zur Bouillabaisse den Paradeblick aufs Meer (140, rue du Vallon des Auffes, chez-fonfon.com). Gérald Passédat erkochte sich drei Michelinsterne im **€€€/€€€€ Petit Nice** (Anse de Maldormé, Corniche J. F. Kennedy, passedat.fr). Korbsessel und schöne Vegetation sorgen im **€€ Le 24** für Gemütlichkeit beim Genießen von Mittelmeer- und Weltküche. Unbedingt reservieren (24, rue Falques, lerestaurant24.fr).

AUSGEHEN/NACHTLEBEN

Le Silo lockt mit Tanz, Theater und Dachblick aufs Dockviertel (35 quai du Lazaret, cepacsilo marseille.fr). Das nahe **Théâtre Joliette-Minoterie** hat sich als Bühne für zeitgenössische Inszenierungen einen Namen gemacht (2, place Henri Verneuil, Tel. 04 91 90 07 94, theatrejoliette.fr). Einblicke in Marseilles lebendige Subkultur bietet die ehemalige Tabakfabrik **Friche la Belle de Mai** mit Kino, Kulinarik und Events (41, rue Jobin, lafriche.org). Marcel Pagnol war Stammgast in der Hafenbar **€/€€ La Marine** (15, quai de Rive Neuve, Tel. 04 91 54 95 42). Nachts wird im **Bazar** abgetanzt (90, boulevard Rabatau, bazarmarseille.com).

EINKAUFEN

Selbst am Sonntag sind die 190 Läden und Lokale der **Terrasses du Port** geöffnet (9, quai du Lazaret, lesterrassesduport.com, Shops tgl. 10.00–20.00, Lokale 10.00–1.00 Uhr) – mit weiten Blicken aufs Mittelmeer. Gegenüber locken die Shops des **Village des Docks** (10, place de la Joliette, lesdocks-marseille.com). Die Bögen der Kathedrale von Marseille bergen das Shoppingcenter **Les Voûtes de la Major** mit edlen Geschäften, Restaurants, einer Markthalle mit Feinkostständen sowie Bar samt Bühne und Galerie im Gewölbe (quai de la Tourette, lesvoutesdelamajor.com, tgl. 9.00–19.00 Uhr). Nahe dem Vieux-Port hat sich das **Centre Bourse** (17, cours Belsunce, bourse.klepierre.fr, Mo.–Sa. 10.00–19.30 Uhr), Marseilles ältestes Einkaufszentrum, mit 60 Geschäften trendig verjüngt. Designerläden, Concept Stores und Produzenten von Klassikern wie der „Savon de Marseille" sind im Szeneviertel **La Plaine** zu finden. Den nahen **Cours Julien** prägen (Lebens-)Künstler und alternative Szenelabels. Größtes Einkaufszentrum der Region Provence-Alpes-Côte d'Azur ist **Le Grand Littoral** (nördl. des Zentrums, 11, avenue de Saint-Antoine, grand-littoral.klepierre.fr).

UMGEBUNG

Von Wind und Wellen geformt sind vier Inseln aus Kalk in der Bucht von Marseille: 15 **Pomègues, Ratonneau, If** und 16 **Tiboulen** – das **Château d'If** machte Alexandre Dumas als Kerker des „Grafen von Monte Cristo" weltberühmt (Fähre ab Vieux-Port, Zugang nur bei ruhiger See, Tel. 04 91 59 02 30, chateau-if.fr, April–Sept. tgl. 10.30–18.00, Okt.–März 10.30–17.15 Uhr, Erw. 6 €). Der 25 km lange 17 **Küstenwanderweg der Côte Bleue** ab L'Estaque Richtung Martigues (s. auch Karte S. 64) führt durch eine Postkartenidylle (cote-bleue.com). Weiße Felsen, azurblaues Wasser: die 18 **Calanques TOPZIEL**, eine Kette von Minifjorden zwischen Marseille und Cassis, sind einzigartige Naturparadiese.

INFORMATION

Office de Tourisme et des Congrès de Marseille, 11, la Canebière, 13211 Marseille Cedex 01, Tel. 08 26 50 05 00, marseille-tourisme.com

19 Aubagne

Aubagne (49 000 Einw.) – im Dreieck Aix, Marseille und Toulon gelegen – ist Heimat von Marcel Pagnol (1895–1974), Hauptquartier der Fremdenlegion und Vorreiter beim kostenlosen öffentlichen Nahverkehr.

SEHENSWERT

Krippenbauer modellierten die Hügellandschaft aus Pagnols Romanen nach, bevölkerten rekonstruierte Filmkulissen mit 200 Santons – diese Welt hat ihren Platz in der **Cité de l'Art Santonnier Thérèse Neveu** (cour de Clastre). Im Geburtshaus **Maison Natale de Marcel Pagnol** ist eine Wohnung im Erdgeschoss mit Möbeln authentisch eingerichtet (16, cours Barthélemy, Erw. 3 €; beide: tourisme-paysdaubagne.fr, Link „Musées et Monuments", Jan.–März, Nov., Dez. tgl. 10.00–12.30, 14.00–17.30, April–Okt. bis 18.00 Uhr, je 3 €, Kombipass 5 €). Das **Château de la Buzine** ist heute Maison des Cinématographies de la Méditerranée (labuzine.com).

MUSEUM
Kaum eine Truppe ist so geheimnisumwittert wie die französische Fremdenlegion. Einblicke gewährt das **Musée de la Légion,** das ihre Geschichte seit 1831 nachzeichnet (Quartier Viénot, chemin de la Thuilière, www.legion-etrangere.com, Link: „Histoire et patrimoine/ Musée de la Légion étrangère", Di.–So. 10.00 bis 12.00, 14.00–18.00 Uhr, Eintritt frei).

UMGEBUNG
Im Schatten des **Garlaban-Massivs** (6 km nördl.) führen Wanderwege durch die Landschaften, die Pagnol in seinen Filmen verewigt hat (Wanderführer im Office de Tourisme). Der Fels war einst für den Schiffbau abgeholzt worden. Die Büsche am Fels, die nun wieder daran wachsen, sind oft Opfer von Waldbränden. Von Juni bis Sept. gelten in den Küstenmassiven Zugangsbeschränkungen mit Farbcodes. Garlaban trägt Gelb (s. S. 118). Wandern ist tagsüber gestattet; es gilt absolutes Rauchverbot.

INFORMATION
Office de Tourisme intercommunal,
Pays d'Aubagne et de l'Étoile, 8, cours Barthélemy,
13400 Aubagne, Tel. 04 42 03 49 98,
tourisme-paysdaubagne.fr

20 La Ciotat

Die kurvige Küstenstraße Route des Crêtes (15 km) führt von Cassis nach La Ciotat.

SEHENSWERT
Ein roter Felsen, der 155 m hohe Bec de l'Aigle (Adlerschnabel), überragt **La Ciotat.** Die Gebrüder Lumière drehten 1895 in La Ciotat einen der ersten Stummfilme der Welt: Die Ankunft eines Zuges auf dem Bahnhof. Heutiges Filmschaffen zeigt das alte **Eden Théâtre** (25, bd. Georges Clemenceau, edencinemalaciotat.com, Erw. 7,50 €).

UMGEBUNG
Cassis (10 km westl.), einst ein Fischerstädtchen, lockt mit schönen Stränden. Intellektuelle und Künstler, darunter Thomas Mann, Bertolt Brecht und Lion Feuchtwanger, entdeckten in den 1930er-Jahren **Sanary-sur-Mer** (30 km östl.) und machten es zur Hauptstadt der deutschen Exilliteraten.

INFORMATION
Office de Tourisme,
boulevard Anatole France,
13600 La Ciotat, Tel. 04 42 08 61 32,
destinationlaciotat.com

JA **NATÜR** LICH

NAH AM WASSER – DURCH DIE CALANQUES

Hallo Küstentraum: Auch das ist Marseille. Denn zum Stadtgebiet gehört Frankreichs einziger Nationalpark an Land und im Meer. Mitten durch dieses mediterrane Juwel mit hellen Klippen und türkisblauen Buchten führen traumhafte Wanderwege.

Die gesamte Calanques-Küste erschließt der Weitwanderweg GR (Grande Randonée) 98/51, der mal in Sichtweite des Wassers, mal im Hinterland verläuft. Gute Wanderer brauchen elf Stunden von der Calanque de Callelongue bis nach Cassis. Fahren Sie mit dem Bus der Linie 21 bis zur Endhaltestelle Luminy und folgen Sie dann dem markierten Weg zum Belvédère de Sugiton: Was für eine Aussicht auf die Calanque von Morgiu und die ferne Île d'Embiez! Kleine Saumpfade, dann eine befestigte Straße, bringen Sie zur ersten Badebucht: Calanque de Sugiton. Wer direkt an der Küste weiterwandern will, umrundet das Cap de Sugiton und klettert über Metallleitern hinüber zur Calanque de Morgiou. Hin nach Cassis (15 km) geht es vom Col de Sugiton via Oeil de Verre, Val Vierge, Devenson und der malerischen Bucht von En Vau zur

Beim Weg über die Klippen der Calanques bleibt das Meer immer im Blick.

Calanque de Port-Pin, der kleinsten und grünsten der drei Calanques. Weiter auf dem Hauptweg erreichen Sie kurz vor Port-Miou alte Steinbrüche. Von hier gelangen Sie zum Freizeitkomplex „La Prêsqu'île", u. a. mit Planschbecken und Strandlokal Plage Bleue. Auf dem Sentier du Petit Prince können Sie beim Schlenker um das Cap Cable per Infotafeln mehr über die Region erfahren, ehe Sie am Ufer der Anse de la Grande Mer dann Cassis erreichen.

Karte: IGN, Carte de Loisir de Plein Air, Les Calanques de Marseille à Cassis, Maßstab 1:15 000
Zugang: Zugangsbeschränkungen im Sommer; Besucher:innen der Calanque Surgiton müssen sich vorab registrieren; www.calanques-parcnational.fr/fr/des-decouvertes/preparer-sa-visite/reservation-sugiton oder per App: calanques-parcnational.fr.
Auf eigene Faust: In den Rucksack gehören neben Badezeug, Sonnenschutz, Wasser und Proviant auch Schutzkleidung gegen Kälte, Wind, Regen – das Wetter kann schnell umschlagen!
Geführte Wanderungen: guides-calanques.com, ½ Tag ab 15 €

DES
GENS DU
BIBLE

Arles und Camargue

IN DER WEITE DES DELTAS

Römische Relikte, mittelalterliche Kirchtürme, das breite Band der Rhône und ein blauer Himmel: Die Fülle von Motiven in Arles löste bei Vincent van Gogh die kreativste Phase seines Schaffens aus. Vor den Toren der Stadt erstreckt sich eine der eigentümlichsten Landschaften der Provence: die Camargue.

Bei der Wallfahrt in Les Saintes-Maries-de-la-Mer tragen Roma Prozessionskreuze bis ins Meer. Über das Wasser war einst ihre Schutzheilige, die heilige Sara, in die Camargue gelangt.

Im riesigen Oval der Arena von Arles verfolgten in römischer Zeit bis zu 20 000 Menschen Gladiatorenkämpfe.

»DIE KULTUR STELLT DAS GEMEINSAME ERBE DER MENSCHHEIT DAR UND SOLLTE ZUM NUTZEN GEGENWÄRTIGER UND KÜNFTIGER GENERATIONEN ANERKANNT UND BEKRÄFTIGT WERDEN.«

Deklaration der UNESCO, Leitsatz des Festivals Les Suds

Arles zelebriert die Leichtigkeit des Seins. Ob die Römer dies schon so praktizierten? Denn nachdem Kelten hier gesiedelt und Griechen aus Massilia die Region kolonisiert hatten, prägten drei römische Kaiser die Stadt – Julius Cäsar, Augustus und Konstantin. Mit 50 000 Einwohnern war Arles in der Antike eine Großstadt. Wie prachtvoll sie ausgestattet war, verraten 112 Stätten, die als nationales Kulturerbe geschützt sind. Alle römischen und romanischen Bauten der Stadt gehören heute zum Welterbe der UNESCO. Doch wirkt das Ganze kaum museal. Im Gegenteil: Das Rom Galliens vibriert, pulsiert, es inspiriert.

MUSE DER KÜNSTLER

Nicht nur Vincent van Gogh, auch der Stierkampffan Pablo Picasso wurde von Arles angezogen. 1971 schenkte er dem dortigen Musée Réattu 57 Zeichnungen. Der Fotograf Lucien Clergue begegnete dem spanischen Maler in Arles 1953 – dies war der Beginn einer 20 Jahre andauernden Freundschaft. Im Jahr 1969 gründete Clergue die „Rencontres photographies“, die zum Fotofestival mit weltweiter Strahlkraft aufstiegen. Von Juli bis September rollt Arles nun jährlich für die besten Fotografen und Nachwuchstalente den roten Teppich aus, zeigt ihre Werke und experimentiert mit Trends und Themen. Annie Leibovitz, Raymond Depardon, Nan Goldin, Martin Parr und andere Weltstars haben in Arles ihre Karriere begonnen.

Modeschöpfer Christian Lacroix entdeckte beim Besuch des Musée Réattu in Arles seine künstlerische Berufung. Sein schönstes Geschenk an seine Heimatstadt ist die Gestaltung des Hôtel Jules César im einstigen Karmeliterkonvent: Er verwandelte es in eine farbenfrohe Luxusherberge.

MEKKA DER WELTMUSIK

Im Juli feiert und tanzt Arles zu den Klängen von „Les Suds“. Das Festival hat sich seit 1995 als Gipfeltreffen der Weltmusik etabliert. Von zehn Uhr früh bis nachts um vier locken Musiker wie Danyèl Waro, Bachar Mar-Khalifé und Anour Brahem zu einer musikalischen Weltreise, die alle Grenzen und Genres überschreitet. Die mehr als 60 Konzerte sind blitzschnell ausverkauft, sobald das neue Programm online ist.

Arles ist Kultur, das ganze Jahr über. Der Verlag Actes Sud hat Erfolgsautoren wie Laurent Gaudé unter Vertrag, das Musiklabel Harmonia Mundi einige der besten Klassikensembles. Die staatliche Fachhochschule der Fotografiekunst ENSP in Arles ist die einzige Hochschule

Links: Die Benediktinerabtei Montmajour war im Mittelalter Ziel von Wallfahrten.
Rechts: Idealer Platz für eine Kaffeepause bei der Tour durch Arles

Romanik in herausragender, beeindruckend schöner Form: Portalfiguren an der Kirche St-Trophime in Arles

Mitte: Die Place de la République in Arles ziert ein aus Ägypten stammender Obelisk.
Unten: Vom ersten Kreuzzug unter Godefroy de Bouillon erzählen die Wandteppiche in St-Trophime.

Ein großes Spektakel, das sich alljährlich im Mai in Les Saintes-Maries-de-la-Mer ereignet, ist die Wallfahrt der Sinti und Roma zur schwarzen Sara. Für die Teilnehmer spielt auch das Wiedersehen aus diesem Anlass eine große Rolle.

Rechts: In einer großen Prozession wird die Figur der schwarzen Sara von den Fahrenden aus der Krypta der Wehrkirche zum Wasser gebracht.

Links: Die Tracht zeichnet die Frauen als zu den „Gardians" gehörend aus, die an der Spitze der Prozession reiten.

Die „Gardians" auf ihren weißen Camargue-Pferden haben die wichtige Aufgabe, den Wallfahrern den Weg zu bahnen. Tausende Schaulustige säumen in dieser Zeit die Straßen von Les Saintes-Maries-de-la-Mer.

»IM SÜDEN WERDEN DIE SINNE ERREGT, WIRD DIE HAND GEWANDTER, DAS AUGE SCHÄRFER, DAS HIRN KLARER.«

Vincent van Gogh, Arles 1888

ihrer Art in Frankreich, die Fachhochschule MoPA gilt als weltweit beste Hochschule für 3-D-Animation.

Damit Arles auch in den Neuen Medien die Nase vorn hat, hat die LUMA-Stiftung der Schweizer Roche-Erbin Maja Hoffmann auf dem Gelände der ehemaligen Bahnwerkstätten der SNCF ein „weltweit einzigartiges Kreativzentrum für digitale Bilder" errichtet.

Wahrzeichen des Parc des Ateliers ist die 56 m hohe Turmskulptur des US-Architekten Frank Gehry.

TIERISCHE SPEKTAKEL

Der Zukunft zugewandt und doch tief in den Traditionen verwurzelt: Dazu gehört in Arles die Begeisterung für die Stiere, das *Fé di biou,* das bis heute ungebrochen ist. Auch Pierre Boudin (1899–1988) fühlte sich den schwarzen Tieren stark verbunden. Als erster französischer Stierkämpfer reüssierte er nicht nur in der Heimat, sondern auch in Spanien. Er wurde Leiter der Stierkampfarena in Arles und rief 1952 die Oster-Feria ins Leben. Jede Feria ist eine Fiesta, die die ganze Stadt erfasst, jede Corrida im antiken Amphitheater ein kollektiver Blutrausch, der mit dem Tod des *taureau* endet. Unblutig hingegen ist die Course Camarguaise, bei der der weiß gekleidete *raseteur* dem Stier ein zwischen den Hörnern gespanntes Band abnehmen muss. In die Arenen werden die Stiere von berittenen Hirten getrieben, die alljährlich am ersten Mai ihre „Fête des Gardians" feiern – dazu gehören eine Prozession durch die Stadt, die Huldigung am Frédéric-Mistral-Denkmal und eine Messe in provenzalischer Sprache in der Cathédrale Notre-Dame de la Major. Organisiert wird die Feier von der „Confrérie des Gardians", die 2012 ihr 500-jähriges Bestehen beging.

Nur wenig jünger ist die „Course de Satin": Seit 1529 kämpfen die besten Züchter der Camargue-Pferde um den Sieg – geritten wird ohne Sattel! Der Sieger darf sich ein Jahr lang mit dem begehrten Seidenschal schmücken.

WEIDEN NEBEN WÜSTEN

Zwischen Arles und dem Mittelmeer rahmt grünes Schilf stille Weiher. Die Rhône hat mit ihrem Delta fruchtbares Land geschaffen. Jährlich findet in der Camargue, einem mystischen Landstrich, die Wallfahrt von Sinti und Roma statt.

Das alte Delta der Durance bildet zwischen Arles, Salon-de-Provence und der Bucht von Fos dagegen die letzte Steppe Westeuropas. Schäfer ziehen mit ihren Herden durch die Crau-Ebene. Im Norden hat der Canal de Craponne das wüstenartige Terrain im 16. Jahrhundert

Trotz der immer stärkeren Erschließung hat sich das Sumpfgebiet zwischen Arles und dem Mittelmeer seinen ursprünglichen Charme bewahrt: Schwarze Stiere grasen auf der Weide, ...

... während sich das Camargue-Pferd vorsichtig schnaubend in flirrender Hitze nähert.

Grazil staken die Flamingos durch einen Weiher in der Camargue. Ihre Konturen lösen sich im Sonnenlicht in einem kräftigen Rosa auf.

Im Naturpark Camargue bestimmt der Wechsel aus Sümpfen, Weiden und Lagunen die Landschaft, die den halbwilden weißen Pferden einen Lebensraum bietet.

Special

Oliven

Grüne pikierte Früchte

Der Süden der Provence ist die Heimat der Olive: Fast eine Million Olivenbäume wächst allein im Département Bouches-du-Rhône.
Die Griechen brachten sie ins Land: Olivenbäume. Kultiviert werden hier sechs Sorten – von der kleinen länglichen Picholine mit kräftig grüner, glatter Haut und festem Fleisch bis zur runden, fruchtig zarten Grossane, die schnell reift und mit Salz pikiert wird. Die fruchtige Bérruguette wird vorwiegend zur Ölherstellung genutzt, die grüne, birnenförmige Salonenque zum Zubereiten gebrochener Oliven *(olives cassées)* verwendet. Typisch für die länglich zugespitzte, dunkelgrüne Lucques sind die Höcker an der Krümmung ihrer glatten Haut. Das Grün der Verdale zieren weiße Punkte.

Die Sorten lassen sich gut unterscheiden, die vielen Zubereitungsarten kaum. Was nicht in der Ölmühle landet, wird in Salzlake mit

Feines Olivenöl aus den Alpilles

oder ohne Fenchel gebadet, mit Kräutern oder Gewürzen versehen, gebrochen, pikiert oder mit Sardellen, Kapern, Senf und Olivenöl fein püriert und als Tapenade auf kleine Toastscheiben gestrichen. Dazu ein kühler Rosé: L'Apéro à la provençale!

Die Olivenhaine um Les Baux liefern eines der besten Olivenöle des Landes, kaum ein Souvenir- und Feinkostladen, der nicht ein paar Flaschen vom gelben Gold teuer verkauft.

in ein grünes Paradies verwandelt, das für die Rinder- und Stierzucht genutzt wird. Turmfalken haben hier ihre Heimat. Am Horizont geraten Kalksteinspitzen und Kiefernwälder in den Blick – Les Alpilles, das Minigebirge der Provence.

EIN GESCHENK FÜR DIE GRIMALDI

Ein Spalier von Platanen säumt die Straße von Tarascon nach Saint-Rémy-de-Provence, ein Städtchen voller Flair und vieler Promis. Nostradamus wurde hier geboren, Vincent van Gogh im Krankenhaus behandelt. Caroline von Monaco zog sich mit ihren drei Kindern hierhin zurück. Das Örtchen ist lang und eng mit der Familiengeschichte verbunden: 1641 war es den monegassischen Fürsten als Dank für die Vertreibung der Spanier übergeben worden.

CONTENANCE IM GEDRÄNGE

Auf der Bergstraße hinauf nach Les Baux staut sich der Verkehr, es wird wild geparkt, genauso rigoros der Strafzettel ausgestellt. Die Franzosen nehmen es sportlich. Oben angekommen, drängen sich die Ausflügler in den Gassen zur Burg, die auf einem 200 Meter hohen Plateau errichtet ist – noch als Ruine ist sie flächenmäßig die größte Frankreichs und im Sommer Bühne für Ritterspiele, die Familien von weit her locken!

Fleur de Sel

WEISSES GOLD AUS DER PFANNE

Helle Hügel ragen hoch in den Himmel, über flachen Becken flirrt die Landschaft in der Hitze und der Duft von Kräutern flirtet mit der salzigen Würze des Meeres: So präsentieren sich die marais salants, die Salzgärten. Sie sind die Heimat der fleur de sel.

Der Blick vom Salzberg verliert sich über der kilometerlangen Reihung von Salzpfannen am Horizont.

Schon die Römer gewannen in der Camargue Salz. Noch im Mittelalter wurden hier 17 Salinen betrieben und das weiße Gold wurde über die Rhône verschifft. 1286 entdeckte König Philipp IV. das Salz der Camargue als idealen Rohstoff für eine neue Steuer und führte die *gabelle* ein. Diese Salzsteuer zwang jeden Franzosen, der älter als acht Jahre war, wöchentlich eine Minimalmenge an Salz zu einem festgesetzten Preis zu kaufen.

Erst 1790, während der Französischen Revolution, wurde das Staatsmonopol auf Salz durch ein Dekret der Assemblée constituante, der verfassunggebenden Versammlung, abgeschafft. Heute liegt die Salzgewinnung der Camargue in den Händen der Groupe Salins. Ihre strahlend weißen Salzberge der Salins du Midi spiegeln sich bei Aigues-Mortes in der Lagune. Vor der alten Festungsstadt wurde ein kilometergroßes Gebiet für die Speisesalzgewinnung reserviert. Vorwiegend Industriesalz wird dagegen in den Salinen südlich von Salin-de-Giraud abgebaut. 50 000 Tonnen *sel solaire* der Salinen am Étang de Berre kennen nur einen einzigen Verwendungszweck: Sie landen im Winter als Streusalz auf den Straßen.

REINSTES HANDWERK

Doch ob Speise- oder Industriesalz: Gewonnen wird es noch immer wie vor 2000 Jahren. An der Salzherstellung beteiligt sind nur das Meer, die Sonne und der Mensch.

Über ein ausgeklügeltes Bewässerungssystem wird ab März das Meerwasser aus dem Mittelmeer in die Salzpfannen gepumpt. Unter Einwirkung der Sonne und der Mistralwinde, die im April/Mai über die Becken fegen, verdunstet es rasch. Im Sommer legt sich der Wind, die Hitze steigt – teils auf mehr als 40 Grad Celsius. Jetzt kristallisieren an der Oberfläche der Becken feinste Elemente. Das Ergebnis ist milder und mineralreicher, knuspriger und zugleich feuchter als gewöhnliches Tafelsalz. Diese hauchdünne Schicht aus unterschiedlich großen Kristallen lässt Sterneköche und Gourmets schwärmen: Sie bildet die *fleur de sel,* die besonders aromatische „Salzblume".

Oben: Aus den Salins du Midi bei Aigues-Mortes gewinnen die Betreiber jährlich 1,6 Mio. Tonnen Meersalz.

Links: Wer die 20 Meter hohe Kuppe des Salzkegels („camelle de sel") erklommen hat, steht auf 60 000 Tonnen Salz.

In der Kühle des Morgens erntet sie der *saunier,* der Salzbauer, vorsichtig mit einer *lousse,* einer Art Schaumlöffel, legt sie behutsam in einen geflochtenen Korb und lässt sie trocknen.

Bei einer Führung durch die Salzgärten der Salins du Midi greift der Führer plötzlich in zwei der Hügel und streut je etwas Salz in die Hand. *Voilà* – in der linken Hand sind die Flocken so fein, dass kaum grobe Körner zu spüren sind: allerfeinste *fleur de sel.* In der rechten Hand wird das Reiben zum Peeling: Grobes *sel gris,* graues Salz, das Grundsalz der Küche – *fleur de sel* ist die Kür!

Fakten & Informationen

Salins du Midi
Aigues-Mortes, RD 979 Richtung Grau-Du-Roi, visitesalinsdecamargue.com
Salzbergbesteigung: nur bei einer Tour mit dem Petit Train, Juli/Aug. halbstündl. 10.00–12.00, 13.30–17.30 Uhr, sonst weniger Fahrten, Erw. 13 €; geführte MTB-Touren (3 Std.) 29 €, mit Leihrad 34 €; Salzspaziergang mit Naturführer (1 3/4 Stunden) 21 €

Salin-de-Giraud
Mitte Juli–Ende Aug. Mi. 8.30–10.30 Uhr, Erw. zu Fuß 12 €, per Rad 15 €; Start: Aussichtspunkt in Salin-de-Giraud, Tel. 04 66 73 40 24, visitesalindegiraud.com

NÎMES
AVIGNON
ARLES
SALON-DE-PROVENCE
CAVAILLON
MARTIGUES
MARIGNANE
VITROLLES
ISTRES
MIRAMAS
Tarascon
Beaucaire
Aigues-Mortes
Saintes-Maries-de-la-Mer
St Rémy-de-Provence
Les Baux-de-Provence
Chaîne des Alpilles
Parc Naturel Régional de Camargue
Étang de Vaccarès
Plaine de la Crau
Étang de Berre
Golfe de Beauduc
Golfe de Fos
Zone Industrielle
Port-St Louis du-Rhône
Port-de-Bouc
Fos-sur-Mer
Parc Régional du Luberon
Montagne du Luberon
Plateau de Vaucluse
Chaîne de Vitrolles
Chaîne de l'Estaque
Camp des Garrigues
la Montagnette
les Plaines
Plaine de la Camargue
Grand Rhône
Petit Rhône
Salin de Giraud
Maßstab 1:360.000
0
6km
1
2
3
4
5
6
7
8
9

ALS WELTERBE GEADELT

Die Römerstadt Arles ist das Tor zur Camargue, einer Region mit ausgedehnten Salinen, Heimat von weißen Pferden und rosa Flamingos und Zuchtgebiet der schwarzen Stiere, die bei der Feria in Arles für atemlose Spannung und Volksfeststimmung sorgen.

1 Arles

Gleich mehrfach ist die Stadt (51 000 Einw.) ins Welterbe der UNESCO eingetragen – als Startpunkt der Via Tolosana, einer der französischen Jakobswege nach Santiago de Compostela, und als urbanes Freilichtmuseum mit Überresten des 46 v. Chr. von Julius Cäsar gegründeten Oppidum, aber auch mit Meisterwerken romanischer Kunst.

SEHENSWERT

Das **Amphitheater** (rond-point des Arènes, arenes-arles.com, April, Okt. tgl. 9.00–18.00, Mai–Sept. 9.00–19.00, Nov.–März 10.00–17.00 Uhr, Erw. 9 €, Pass Liberté für 4 Monumente 12 €, Pass Avantage für 6 Monumente 16 €), in dessen riesigem Oval im 1. Jh. Zehntausende Zuschauer auf 34 Rängen Platz fanden, bebt heute unter den Hufen der schwarzen Stiere bei den Ferias an Ostern und im September. Westlich der Arena entstand Ende des 1. Jh.s das **Antike Theater** unter Kaiser Augustus – während der Sommermonate heute eine Freilichtbühne für Konzert und Theater (rue du Cloître, Tel. 04 90 18 41 20, patrimoine.ville-arles.fr, Link „Quartiers .../ L'Hauture", April, Okt. tgl. 9.00–18.00, Mai–Sept. 9.00 bis 19.00, Nov.–März 10.00–17.00 Uhr, Erw. 9 €). Als Meisterwerk der provenzalischen Romanik gilt die **Kathedrale St-Trophime** (12. Jh.), deren Portal im Tympanon den segnenden Christus und im Fries darunter das Jüngste Gericht zeigt. Achten Sie im Kreuzgang (12. Jh.) auf die enorme Vielfalt in der Gestaltung der Skulpturen und Kapitelle (April, Okt. tgl. 9.00–18.00, Mai–Sept. 9.00–19.00, Nov.–März 10.00–17.00 Uhr, Erw. 5,50 €).
Bereits 30 bis 20 v. Chr. entstand der **Kryptoportikus** des Forums, unterirdische Gewölbe im Herzen der Stadt (Zugang: Rathaus, April und Okt. tgl. 9.00–18.00, Mai–Sept. 9.00–19.00, Nov.–März 10.00–17.00 Uhr, Erw. 4,50 €).
Erst Ende des 19. Jh.s wurden die **Konstantin-Thermen** ausgegraben – sie gehören zu den besterhaltenen antiken Bädern der Welt (rue du Grand Prieuré, April–Okt. 9.00–18.00/19.00, Nov.–März 10.00–17.00 Uhr, Erw. 4 €).
An der mittelalterlichen Nekropole **Alyscamps** (südöstl. des Zentrums; April, Okt. tgl. 9.00 bis 18.00, Mai–Sept. 9.00–19.00, Nov.–März 10.00 bis 17.00 Uhr, Erw. 4,50 €), deren Weg Hunderte von Sarkophagen säumen, begann einst der Jakobsweg, dem Pilger auf ihrer Wallfahrt bis nach Santiago de Compostela folgten.

Arles an der Rhône ist geprägt von der Antike: mit der Arena (o. re.) und dem Théâtre Antique (o. l.). Grüne Oase sind die Alyscamps (u.r.).

Mehr als 50 prunkvolle **Stadtpaläste** zeugen vom Reichtum der Stadt. Wahrzeichen des zukunftsgewandten Arles sind die einstigen Eisenbahnwerkstätten der SNCF, wo Frank Gehry den **LUMA-Turm** als Sitz der Schweizer Stiftung errichtet und Selldorf Architects aus New York fünf Hallen saniert haben. Seit 2020 ist die Verwandlung der 10 ha großen Industriebrache in eine Kaderschmiede und ein Schaufenster der Kreativen abgeschlossen (Parc des Ateliers, 33, avenue Victor Hugo, luma-arles.org, Fr.–So. 11.00–18.00 Uhr). Aktuelle Kunst und Kultur zeigt die 5000 m² große **Grande Halle.** Die Nordfassade schmückt eine 2800 m² große digitale Projektionsfläche – Europas größter Bildschirm.

MUSEEN

Im Trinquetaille-Viertel am rechten Ufer der Rhône wurde 2008 die bislang einzige Büste von Julius Cäsar entdeckt, die zu seinen Lebzeiten entstanden ist. Sie gehört heute zu den Höhepunkten des **Musée départemental Arles antique.** Zweites Highlight der 480 Exponate ist Arles-Rhône 3, ein 31 Meter langer Frachtkahn aus den Jahren 50 bis 60 n. Chr. Im Außenbereich erinnert ein „Hortus" an römische Gartenbaukunst (Presqu'île du cirque romain, Tel. 04 13 31 51 03, arles-antique.cg13.fr, Mi.–Mo. 10.00–18.00 Uhr, Hortus: April–Sept. Mi.–Mo. 10.00–19.00, Okt.–März Mi.–Mo. 10.00 bis 17.30 Uhr, Erw. 8 €, 1. So. im Monat frei, Hortus: Eintritt frei). Die ehemalige Komturei des Malteserordens (15. Jh.), Atelier-Anwesen des Malers Jacques Réattu (1760–1833), birgt seit 1868 das **Städtische Kunstmuseum Réattu.** Zu seinen Schätzen gehören neben Réattus Gesamtwerk Zeichnungen und Gemälde von Pablo Picasso, Plastiken u. a. von Germaine Richier (1902–1959) sowie 67 Haute-Couture-Zeichnungen, die der Stardesigner Christian Lacroix (geb. 1951) dem Museum geschenkt hat. Hörkunst, Fotografie und Architektur runden die Sammlung ab (10, rue du Grand Prieuré, Tel. 04 90 49 37 58, musee reattu.arles.fr, März–Okt. Di.–So. 10.00–18.00, Nov.–Feb. bis 17.00 Uhr, Erw. 6 €). Die Kunst von Lee Ufan, 1936 in Korea geboren, gehört zur japanischen Kunstbewegung Mono-ha, die sich – minimalistisch und radikal – der Arte povera nähert. **Lee Ufan Arles** zeigt im Hôtel Vernon, einem Herrenhaus des 16.–18. Jh.s, auf 1350 m² und drei Etagen die Werke des Malers und Bildhauers (5, rue Vernon, https://de.leeufan-arles.org, Di.–So. 10.00–18.00 Uhr, 8 €). Die **Fondation Vincent van Gogh** lädt zum schöpferischen Dialog: Wie interpretieren zeitgenössische Künstler das Werk van Goghs? (35 ter, rue du Docteur Fanton, Tel. 04 90 93 08 08, fondation-vincentvangogh-arles.org, Mitte April–Sept. tgl. 11.00–18.00, März, Okt. Di.–So. 11.00–18.00 Uhr, Erw. 10 €). Der provenzalischen Geschichte und Kultur widmet sich das von dem Dichter Frédéric Mistral (1830–1914) gegründete **Museon Arlaten,** das mit 3600 Exponaten die Provence gestern und heute vorstellt (29–31, rue de la République, museonarlaten.fr, Di.–So. 9.30–18.00 Uhr, 8 €).

VERANSTALTUNGEN
Seit mehr als 500 Jahren feiert Arles alljährlich am 1. Mai das **Fest (Fête) der Gardians.** Höhepunkt des Trachtenfestes **Pegoulado** am 1. Julisonntag ist ein feierlicher Umzug. Am Montag folgt mit der Cocarde d'Or das Stierwettrennen der **Course Camarguaise.** Blutiger geht es bei den Stierkämpfen zu (der **Feria** zu Ostern und **Feria du Riz** im Sept.). Im Juli finden die **Rencontres de la Photographie** (rencontres-arles.com) statt wie auch das **Festival Les Suds** (suds-arles.com/fr).

HOTELS
Ländliches Provence-Flair in der City bietet das **€/€€ Hôtel Saint-Trophime** in 20 stilvollen Zimmern (6, rue de la Calade, hotel-saint-trophime.com). Designliebhaber schwärmen vom mutigen Mix der Farben im **€€/€€€ Hôtel du Cloître** (18, rue du Cloître, www.lecloitre.com/en). Eine Legende ist das **€€€ Hôtel Nord-Pinus.** Gäste waren Pablo Picasso und Yves Montand, aber auch Bono von U2 (14, place du Forum, nord-pinus.com).

EINKAUFEN
Seit dem 16. Jh. größter „Marché" der Provence ist der **Samstagsmarkt** (bd. des Lices).

UMGEBUNG
Inmitten von Sümpfen errichteten Benediktinermönche ein Ensemble, dessen Ruine titelgebend für ein erst 2013 wiederentdecktes Gemälde von van Gogh ist: die **Abbaye de Montmajour** (9 km nördl.) – mit Einsiedelei (11. Jh.), Abteikirche, Kloster, Kapelle, romanischem Kreuzgang (12. Jh.) und dem Wachtturm Pons de l'Orme (14. Jh.). Im 18. Jh. kam das Saint-Maur-Monasterium hinzu (route de Fontvieille, Tel. 04 90 54 64 17, abbaye-montmajour.fr, Juni–Sept. tgl. 10.00–18.30, Okt.–Mai tgl. 10.00–17.00 Uhr, Erw. 6 €).
Am Rand der **Alpilles** breiten sich an einem Fels die Unterstadt von **Les Baux-de-Provence** (20 km östl.) aus und auf einem Plateau die Ruinen der gewaltigen Burg (ab 13. Jh.). Die **Carrières des Lumières** inszenieren in einem Steinbruch 800 m südl. davon Kunstwerke per Lichtanimation (carrieres-lumieres.com). Ein

Grotte im Fels bei Les Baux-de-Provence (o.). Spektakuläre Lichtanimation auf den Felsen der Carrières des Lumières (re.).

großes Schloss (12.–15. Jh.) beherrscht das hübsche Städtchen **Salon-de-Provence** (40 km östl.). Nahe **Saint-Rémy-de-Provence** (35 km nordöstl., s. Zur Sache – „Provence in reichen Farben") mit seiner kleinen Altstadt liegt **Glanum,** eine bedeutende Grabungsanlage der einstigen römischen Stadt.

INFORMATION
Arles Tourisme,
boulevard des Lices, 13200 Arles,
Tel. 04 90 18 41 20, arlestourisme.com

2 Aigues-Mortes

Einst verschaffte Ludwig IX. sich und seinen Kreuzrittern hier einen Hafen am Mittelmeer – heute ist die Küste 11 km von Aigues-Mortes („Stadt der toten Wasser"; 8325 Einw.) entfernt.

SEHENSWERT
Von der vollständig erhaltenen **Stadtmauer** (aigues-mortes-monument.fr, tgl. 10.00–17.30, Mai–Aug. tgl. 10.00–19.00 Uhr, Erw. 8 €) öffnen sich weite Ausblicke auf die Altstadt und die Salzberge der **Saline** TOPZIEL (s. Zur Sache – „Weißes Gold"). Der Aufgang zu den Remparts, den Wällen, erfolgt neben der **Tour Constance.** 30 Jahre war Frankreichs berühmteste Hugenottin dort im Dunkel eingekerkert: Marie Durand. Unzählige Lokale mit Tischen im Freien säumen die **Place Saint-Louis.**
Die kostenlos zu nutzende Kabelfähre **Bac du Sauvage** (smtdr.fr) bringt Sie ans andere Ufer der Petit Rhône und nach Les Saintes-Maries-de-la-Mer.
Die **Maison du Grand Site de France de la Camargue Gardoise** zeigt das Wirken des hl. Ludwig und jener Personen, die die Camargue geprägt haben (route du Môle, westl. des Zentrums, camarguegardoise.com, Feb.–Sept., Di. bis So. 10.00–12.30, 13.30–19.00 Uhr, Erw. 6 €). Ein Natur-Lehrpfad gehört zum Komplex.

INFORMATION
OT Aigues-Mortes, place Saint-Louis,
Aigues-Mortes, Tel. 04 66 53 73 00,
ot-aiguesmortes.com

3 – 9 Camargue

Das **Rhône-Delta** hat Frankreichs größtes Feuchtgebiet geschaffen: die Camargue. Die fast 930 km² große Ebene, die den **Parc Naturel Régional de Camargue** umfasst, gehört administrativ fast vollständig zum Stadtgebiet von Arles, das sich daher rühmt, flächenmäßig Frankreichs größte Gemeinde zu sein.

SEHENSWERT
Bei Arles teilt sich die Rhône in zwei Mündungsarme, die Grand Rhône und die Petit Rhône. Dazwischen erstreckt sich die **Grande Camargue.** Westlich der Petit Rhône schließt sich bis nach Aigues-Mortes die **Petite Camargue** an, die zum Département Gard und damit zum Languedoc gehört.
Von Nord nach Süd lassen sich drei Naturlandschaften abgrenzen: die obere Camargue südlich und westlich von Arles mit Weinbau, Reisanbau und Stierzucht, die mittlere Camargue der Schilfgebiete, Feuchtzonen und Étangs, in denen Flamingos, Reiher und Schwäne heimisch sind, und die untere Camargue mit Sandstränden, Salzwasserlagunen und Salinen. Aus dem Meer von Ferienhäusern ragt im quirligen Urlaubsörtchen 3 **Les Saintes-Maries-de-la-Mer** (2600 Einw.) die Wehrkirche Notre-Dame de la Mer (11./12. Jh.) heraus, in der 1448 die (angeblichen) Reliquien der Heiligen Marie Jacobé und Marie Salomé entdeckt wurden. Zu ihren Ehren pilgern Roma, Sinti, Manuschen und Jenische alljährlich am 24. Mai zu ihrer Schutzheiligen, der schwarzen Sara.

NATURZENTREN/MUSEEN
Auf vielfältige Weise lassen sich die Ökosysteme in Naturzentren entdecken. Ganz im Südosten der Camargue schützt die **Domaine de la Palissade** zwischen dem Städtchen 4 **Salin-de-Giraud** TOPZIEL und der Küste auf 702 ha am rechten Ufer der Grande Rhône eine Urlandschaft außerhalb der Deiche, die bis heute von den Naturgewalten geformt wird (La Palissade, Salin-de-Giraud, palissade.fr/camargue, Juli/Aug. tgl. 9.00–18.00 Uhr, sonst kürzer, Nov. bis Feb. Mi.–So., Erw. 5 €).

Mehr als 300 Vogel- und 2000 Pflanzenarten bergen die 5 **Sümpfe von Vigueirat,** die über einen Bohlenweg (6 €), per Rad, bei einer Kutschfahrt (19 €), auf dem Pferd oder einer Fahrt im halboffenen Bus (2,5 Std., 20 €) oder einer großen Naturwanderung in Begleitung eines Rangers (6 Std., 30 €) entdeckt werden können (Les Marais du Vigueirat, Mas Thibert, marais-vigueirat.reserves-naturelles.org, tgl. 9.30 bis 13.00, 14.00–17.45 Uhr, Winter Di.–So., kürzer). Auch zu 6 **La Capelière – Centre d'information de la Réserve Nationale de Camargue,** das in einem typischen *mas* (Bauernhof) untergebracht ist, gehört ein „Sentier découverte", ein Naturlehrpfad durch Sumpf und Salzmarsch (La Capelière, facebook.com/reservedecamargue/?locale=fr_FR, April–Sept. tgl. ab 9.00 Uhr, Okt.–März Mi.–Mo., 4 €). Beim 7 **Musée de la Camargue** gibt es einen hölzernen Ausguck mit Blick auf Sümpfe und Salzwiesen (Mas du Pont de Rousty, museedelacamargue.com, April–Sept. 9.00–12.30, 13.00 und 18.00, Okt.–März 10.00 –12.30, 13.00 und 17.00 Uhr, 7 €).

Tipp

Aussichten für Vogelfans

Ganz im Westen der Camargue beginnen am 8 **Centre du Scamandre** drei Naturlehrpfade mit 500 m, 1,5 und 4 km Länge durch ein 146 ha großes Paradies für Vogelfreunde – neben großen Populationen von Ibissen lassen sich hier auch neun Reiherarten beobachten. Tolle Tipps für Touren zu Fuß oder per Fahrrad enthalten die kostenlosen Faltblätter des Infozentrums. Die größte Flamingopopulation Europas bevölkert zwischen April und Juni den 9 **Étang du Fangassier** östlich von Les Saintes-Maries-de-la-Mer und bringt im flachen Salzsee den Nachwuchs zur Welt – fast 7500 Küken wurden schon gezählt!

Centre du Scamandre: Route des Iscles Gallician, Vauvert, camarguegardoise.com, Di.–Sa. 9.00 bis 12.30, 13.30–18.00 Uhr, Wege tgl. ab 9.00 Uhr;
Étang du Fangassier: guide-nature.fr/les-flamants-roses, April–Sept. nur mit Führung, Buchung: Tel. 04 42 86 89 77

ERLEBEN

Auf der D 36 rollt, nein, staut sich im Sommer eine Blechlawine der Badefreunde zur **Plage de Piémanson** (auch: Plage d'Arles). Kunst, Kultur und Lebensart des Landstrichs feiert das **Festival de la Camargue** alljährlich im Mai eine Woche lang (festival-camargue.fr).

JA **NATÜR** LICH

BIOKÜCHE FÜR ALLE SINNE: LA CHASSAGNETTE

Rund 20 Kilometer südlich von Arles, nur einen Katzensprung von der Rhône und dem Naturreservat der Sümpfe von Vigueirat entfernt, versteckt sich im Herzen der Provence ein Gourmet-Lokal, das mehr ist als Bio-Restaurant: eine Oase für das Genießen mit allen Sinnen.

Schlendern Sie durch den Garten, entdecken Sie alte, vergessene Sorten, schnuppern Sie den Duft frischer Früchte, die Aromen der Kräuter und Gewürze, riechen Sie an den Blumen, lassen Sie Ihre Sinne wandern und eintauchen in dieses grüne Paradies, ehe Sie sich an den Tisch setzen, der im Sommer unter Lauben voller Wein und farbiger Blüten gedeckt ist.

Blüten werden Sie auch im Menü wiederfinden, das im Rhythmus der Jahreszeiten mit den natürlichen Harmonien von Frucht und Gemüse, Fisch und Fleisch sinnliche und spirituelle Inspirationen zur Entfaltung bringen will.

Eine Oase für das Genießen mit allen Sinnen!

Intuitiv ist die Küche von Küchenchef Armand Arnal, inspiriert von der Hand seines Chefgärtners Claude Perinix. 20 Meter von der Küche entfernt baut er mit seinem Team auf drei Hektar Land mehr als 200 essbare Pflanzen an, 100 % bio und ohne chemische Mittel und Pestizide. Gemüse, Früchte, Blumen, Kräuter und Gewürze – mal alte, endemische Sorten, dann ferne Exoten, die Arnal auf seinen Reisen entdeckt hat. Was er morgens erntet, bestimmt mittags das Menü.

Dabei lässt er sich nicht nur von Frankreichs Küchentraditionen leiten, sondern auch von Spontaneität und Kühnheit: Kein Rezept ist in Stein gemeißelt, keine Technik verboten. Jeder Teller wird so ein köstliches Bouquet des Tages. Reif für einen Stern, urteilten die Tester des Guide Michelin 2015. Und haben ihn seitdem jedes Jahr wieder an den Meisterkoch vergeben.

La Chassagnette, Mas de la Chassagnette, Chemin du Sambuc, 13200 Arles, Tel. 04 90 97 26 96, chassagnette.fr

Avignon, Vaucluse, Luberon

*

DAS LAND DER PÄPSTE

*

Wie ein Rhombus liegt es im unteren Rhônetal: das einstige Land der Päpste in der Provence. Für mehr als hundert Jahre hatten sie Avignon und sein Umland zum Mittelpunkt des Christentums gemacht. Andersgläubige flüchteten in die Berge des Luberon, den heute Wanderer und Winzer gleichermaßen schätzen.

Ein Volkslied zum Tanz auf der Brücke machte Avignon weltberühmt, doch getanzt wurde „sur le pont", auf dem Pont Saint-Bénezet, nie ...

Rechts: Gegenüber dem Stadtzentrum von Avignon, in Villeneuve-lez-Avignon auf der anderen Rhôneseite, laden unterschiedlich gestaltete Gärten an Fort und Abbaye de Saint-André zum Verweilen ein.

Oben: Beschaulicher Winkel am Hotel Cloître Saint-Louis in Avignon.
Mitte: Eine Vielzahl an Genüssen eröffnet sich in den Markthallen von Avignon.

Avignon – ein gutes Pflaster für Straßenmusiker, nicht nur zu Festivalzeiten

Noch sind Plätze im Restaurant auf der Place du Palais des Papes frei – vor der schönsten Kulisse der Stadt: dem Papstpalast.

Nicht mehr Rom, sondern Avignon regierte ab 1309 die Glaubenswelt. Hinter seiner 4,3 Kilometer messenden Stadtmauer mit ihren 35 Türmen, die bis heute die Altstadt fast vollständig umschließt, residierten sieben Päpste und zwei Gegenpäpste, Clemens VIII. (1378–1394) und Benedikt XIII. (1394–1423). Erst 1417, mit dem Konzil von Konstanz, hatte Avignon als Epizentrum des Christentums ausgedient. Die Herrschaft als Landbesitzer in der Provence endete für die Päpste mit der Französischen Revolution. 1791 entschieden sich die Bewohner des Comtat Venaissin in einem „Volksentscheid" für den Anschluss an Frankreich. Die Päpste reagierten empört, hatten sie doch das Plebiszit nicht autorisiert, und forderten selbst noch auf dem Wiener Kongress 1815 die Wiederherstellung des französischen Kirchenstaates. Doch da waren das Comtat Venaissin und die Gebiete von Avignon und Orange längst in dem 1793 gegründeten Département Vaucluse aufgegangen …

MITTENDRIN IM THEATERTRUBEL

Was die römische Antike und die Päpste zwischen den Ausläufern des Mont Ventoux, dem Hochplateau der Vaucluse und dem breiten Urstromtal der Rhône, den Wein- und Lavendelfeldern, weiten Wäldern und klaren Wasserläufen an Bauten hinterlassen haben, gehört heute zum UNESCO-Welterbe. Vom Gratis-Großparkplatz auf der Île de la Barthelasse pendeln kostenlose Shuttlebusse zur Porte de l'Oulle. Hinter dem betriebsamen Einfallstor zur Altstadt öffnet sich die Place Crillon mit Straßencafés im Schatten der Ancienne Comédie d'Avignon, die 1732 als erste Bühne der Stadt errichtet worden war – vorher hatte es in Avignon keinen eigenen Theaterbau gegeben. Warum auch? Theater funktioniert ebenso unter freiem Himmel. Wie gut, beweist Avignon alljährlich im Juli, wenn sich die Altstadt innerhalb des Mauerrings in eine einzige farbenfrohe Freilichtbühne verwandelt.

Ganz oben: Im nahen Languedoc beeindruckt der Pont du Gard, ein Aquädukt aus römischer Zeit. Bei „Les Féeries du Pont" verzaubern Ton-Licht-Shows in Sommernächten das Welterbe.
Oben: Savoir-vivre in Frankreichs Süden – mit regionalen Produkten, auch in traditionellen feinen (Vor-)Speisen.

Zu Füßen des Engels, der dem Brunnen in Carpentras seinen Namen gibt, lässt sich gut ein Café au lait genießen.

Schmucklos und streng sind die Pfeilerarkaden und der Chorraum der Abteikirche von Sénanque gehalten, ...

... auch von außen wirken Langhaus und Chor mit den Apsiden schlicht – und dennoch ist die Kirche ein wunderschönes Postkartenmotiv.

Neben den „In"-Szenierungen des Festival d'Avignon im Palais des Papes, im Karmeliterkloster und anderen Spielorten gibt es Hunderte von „Off"-Aufführungen. Private, häufig noch unbekannte Theatergruppen aus Europa und Übersee hoffen dort auf gute Kritiken und den Durchbruch ins Theatergeschäft. Straßentheater, frech, provokativ oder absurd, schräge Happenings, Clownerien oder Ein-Mann-Shows – all dies hat hier seinen Auftritt. Gespielt wird rund um die Uhr, auf Plätzen und Straßen, in Hinterhöfen, in Parks, Cafés und an den Ufern der Rhône. Volksnah vor dem Couvent des Cordeliers in der Rue de Teinturiers, avantgardistisch und elitär im Theatercafé La Tache d'Encre. Das Théâtre du Chien Qui Fume widmet sich mit seinem Ensemble des „rauchenden Hundes" angesagten Stücken und einer offenen Szene.

Die Place des Carmes, benannt nach einem Karmeliterinnen-Kloster, von dem nur ein Kreuzgang übrig blieb, ist das Zentrum des früheren „Zigeunerviertels" Quartier Balance. Sonnabends gastiert ein Blumenmarkt, sonntags lockt *brocante,* Trödel, trendy wie teuer. Während des Festivals wird auch dieser Platz zur Bühne. Ausgelassen tobt der Festivaltrubel auch auf der Place de l'Horloge. Eine Tiefgarage schluckt die Autos, ein nostalgisches Karussell dreht seine Runden, Alt und Jung schlecken Eis. So schlendern sie durch eine schmale Gasse vorbei am Hôtel des Papes zum mächtigen Papstpalast.

EIN RIESIGER KOMPLEX

Abweisend, eher einer Festung ähnlich, erhebt sich der Komplex. Eine Burg mit Türmen und Zinnen, winzigen Fenstern: militärisch-streng der Palais Vieux, kühler Prunk beim Palais Neuf. Flammen zerstörten fast die gesamte Inneneinrichtung, die sich nicht an christlicher Askese, sondern höfischer Prachtentfaltung orientierte. Mit allem Prunk erhalten ist jedoch die benachbarte Kathedrale mit ihren Wand- und Deckenmalereien, korinthischen Kapitellen, gedrehten Säulen und einer vergoldeten Madonna, die auf dem Turm im Sonnenlicht funkelt.

Nördlich der Kathedrale schiebt sich der Kalkkegel des Rocher des Doms als Aussichtskanzel an das Ufer der Rhône, in die der Pont Saint-Bénezet hineinragt. Studenten haben das berühmte Bauwerk mit den ursprünglich 22 Bögen rekonstruiert und zeigen ihr 3-D-Modell in einer Ausstellung im Stadtzentrum: als Rumpf mit vier Bögen, kleiner Kapelle und traumhafter Aussicht auf die breite, behäbige Rhône und die Stadt.

DIE FREIZEITINSEL

Vom Pont Saint-Bénezet setzen kostenlose Fähren hinüber zur Île de la Barthelasse, die zwei Rhônearme umschlingen: die Grand Rhône von Villeneuve und die Petit Rhône von Avignon. Mit den Launen des Flusses veränderten sich im Laufe der Jahrhunderte Form und Zahl der Rhôneinseln. Einige klammerten sich an den Ufern am Département Gard fest, andere am Land der Vaucluse. Manche formten ein sich ständig veränderndes Archipel im Fluss, das immer stärker zusammengeschoben wurde, bis es eine

MIT DEN LAUNEN DES FLUSSES VERÄNDERTEN SICH ÜBER DIE ZEIT FORM UND ZAHL DER RHÔNEINSELN.

Mal ist er sonnengelb, mal rostrot – der Ocker bestimmt die Fassaden im Städtchen Roussillon.

»ES WAR LANGE HER, DASS ICH AUF DEM LAND GEWESEN WAR, UND ICH FÜHLTE, WELCHEN SPASS ES MIR GEMACHT HÄTTE, SPAZIEREN ZU GEHEN.«

Albert Camus, aus: Der Fremde

einzige Insel bildete: La Barthelasse – ihr Südende heißt Île Piot. Mit 700 Hektar – davon 400 Ackerland – ist sie die größte Flussinsel Frankreichs. Ihr alter Treidelpfad wandelte sich im Jahr 2000 zur Promenade, der bestehende Freizeit- und Sportkomplex wurde saniert, und auch die ViaRhôna, die 815 Kilometer lange Radfernroute vom Genfer See zum Mittelmeer, verläuft mit tollen Aussichten auf der Ausflugsinsel.

Einheimische und Urlauber genießen gerne im Restaurant Le Bercail bei provenzalischer Küche oder Holzofenpizza den Blick auf die Stadtkrone und die berühmte Brücke Saint-Bénezet. Sie verband Avignon mit Villeneuve-lez-Avignon und damit das Heilige Römische Reich und später die Papststadt mit dem Königreich Frankreich – die französische Krone ante portas der Kurie. Die Kardinäle, die in Avignon keinen Wohnsitz mehr fanden, störte das wenig: Sie errichteten in Villeneuve-lez-Avignon in kürzester Zeit 15 *livrées,* prachtvolle Residenzen.

DER GARTEN FRANKREICHS

Mit dem Comtat (Grafschaft) Venaissin, das sich um Avignon erstreckte, zu dem Avignon aber nie gehörte, besaßen die Päpste ein landschaftlich sehr abwechslungsreiches und zudem sehr fruchtbares Hinterland – einen Garten Eden, in dem bis heute Trauben, Aprikosen und Kirschen gedeihen und Oliven zu erstklassigem Öl gepresst werden. Auf den Hochebenen am Mont Ventoux wird Lavendel geerntet. Die Vielfalt der Erzeugnisse macht die großen Wochenmärkte von Carpentras und Vaison-la-Romaine zu den wohl schönsten Märkten der Provence.

WIRTSCHAFTLICHE ABWÄGUNGEN

Wer durch die Haute-Bourg von Vaison-la-Romaine bummelt (s. Kapitel Orange), wird durch große Fotografien in Schwarz-Weiß, die an den Natursteinwänden der mittelalterlichen Wohnhäuser hängen, mit einem weniger bekannten Thema des avignonischen Papsttums bekannt gemacht: den Juden des Comtat. Als die großen Pestepidemien in Europa ausbrachen, wurden die Juden als Sündenböcke verfolgt und zu Tausenden getötet, da sie angeblich die Brunnen vergiftet hatten. Papst Clemens VI. indes stellte sich im 14. Jahrhundert mit einer Bulle hinter die Juden.

Die gewährte Religionsfreiheit auf dem Territorium der Päpste ließ große jüdische Gemeinden in Avignon und Cavaillon sowie Carpentras entstehen, wo sich Frankreichs älteste Synagoge unauffällig an die Place Maurice Charretier

Von Hellgelb über Gold-, Rost- und Rottöne ... – die Ockerbrüche bei Roussillon decken die gesamte Bandbreite von Sandsteintönen ab!

Lourmarin (ganz oben) war einst Rückzugsort von Albert Camus. Wie Oppède-le-Vieux (unten) gehört das Dorf zum Luberon.

Bauern und Feldarbeiter errichteten aus trocken gestapelten Steinen im Luberon *bories* genannte Schutzhütten und Lager für Heu und Stroh.

Im autofreien Dorf Oppède-le-Vieux lassen sich die Sommerabende gleich noch mal so angenehm genießen.

Steil hinauf geht es durch die Gassen in Lacoste, einem perfekt restaurierten Dorf am Nordrand des Luberon-Gebirges.

fügt. Warum die Päpste Toleranz gegenüber den Juden zeigten? Sie waren eine tragende Stütze der päpstlichen Wirtschaftspolitik …

FLUCHT IN DEN LUBERON

Vor der Doktrin der Päpste mussten Andersgläubige sonst fliehen. Die Waldenser, französisch „Vaudois", verschanzten sich im Luberon. Ihre Wehrdörfer gehören heute zu den malerischsten Orten der Hügel, die sich zwischen Aix und Avignon im östlich gelegenen Grand Luberon beim Mourre Nègre 1125 Meter hoch aufschwingen. Auf nur 726 Meter schafft es dagegen der Petit Luberon im Westen.

Sechzig Kilometer lang und fünf Kilometer breit erstreckt sich das Gebirge des Luberon von Ost nach West, es ist ursprünglich geblieben mit wilden Schluchten, bizarren Felsen, kargen Gipfeln, aber auch: Lavendelfeldern, Weinbergen, Aleppokiefern. Die Vielfalt von Flora und Fauna, dörflichem Erbe und eindrucksvollen Landschaften schützt auf 230 000 Hektar ein regionaler Naturpark, mittlerweile als Biosphärenreservat der UNESCO anerkannt. Ein Paradies für Wanderer, Radfahrer und Reiter, die nach ihren Ausflügen in die Weinberge die Tropfen verschiedener AOC bei den Winzern vor Ort verkosten.

Special

Gärten der Provence

Vom Lotus zur Wölfin

Nirgendwo sonst in Europa gibt es eine solche Dichte an Gärten wie in der Provence.

Ihre Vielfalt spiegelt sich in Gartenträumen, die Frankreich als *jardin remarquable,* und damit als besonders bemerkenswert, auszeichnete. Zur Schauseite waren sie oft repräsentativ gestaltet wie Parks, zur Küchenseite schön angelegt als *potager* (Küchengarten), der Haus und Hof versorgte.

Im südlichen Luberon präsentiert der einzigartige Jardin Conservatoire des Plantes Tinctoriales (luberon-sud-tourisme.fr, Suchfeld: „jardin conservatoire") in Lauris mehr als 300 Pflanzenarten, die zum Färben genutzt werden. Die Gärten erstrecken sich auf den Terrassen des Château de Lauris (18. Jh.) und bieten herrliche Ausblick auf das Tal der Durance. Bibi und Guy Hevnais legten den 15 ha großen Pavillon de Galon (pavillondegalon.com) an, sie interpretierten den traditionell strengen „französischen" Garten ganz sinnlich mediterran. Hohe Zypressen säumen seine Alleen, der Olivenhain zeichnet eine Spirale, vier Becken spiegeln Landschaften des Luberon, und die Luft ist erfüllt von Lavendel, Rosmarin und anderen typisch südlichen Düften. Der Garten des Weingutes Château Val Joanis (val-joanis.com) bei Pertuis ist auf drei Terrassen im Stil der Gartenbaukunst des 17. Jahrhunderts angelegt, ein Potager fügt sich ein.

Im Val Joanis bilden die Eiben ein Spalier.

UNSERE **FAVORITEN**

Die schönsten Wanderungen

IN BEGLEITUNG VON WIND UND ESEL

Vom Hochgebirge bis zur handtuchflachen Crau-Ebene, von tiefen Schluchten zu romantischen Klippenküsten: Die Provence ist ein ungeheuer vielseitiges Wandergebiet. Diese Highlights machen Appetit auf Entdeckungen zu Fuß!

1 Metropolenwanderweg

Zum Kulturhauptstadtjahr schenkte sich Marseille nicht nur eine neue Hafenfront und prestigeträchtige Neubauten, sondern auch einen Fernwanderweg: die 365 Kilometer lange Grande Randonnée 2013. Das Besondere: Nicht Wandervereine, sondern die Künstlergruppe „Le Cercle des Marcheurs" konzipierte den rot-gelb markierten Metropolenwanderweg. Zwischen Istres im Westen und Aubagne im Osten beschreibt er eine riesige Acht, deren Linien sich am Bahnhof von Aix-en-Provence überschneiden. Unterwegs legt die Runde die Brüche in urbanen und ländlichen Räumen offen, führt von Industriegebieten und Vororten in die Natur und darüber hinaus in zwei Gebirge. Die GR – Grande Randonnée 2013: ein begehbares Kaleidoskop der zeitgenössischen Landschaften von Marseille – aufregend, überraschend und leicht zu erwandern!

Start: Marseille
Info zum Download: gr2013.fr/wp-content/uploads/2016/06/DP-GR2013.pdf
Schwierigkeit: leicht, selten mittelschwer
Dauer: 20 Tage gesamt, Einzeletappen von beliebiger Länge sind jedoch möglich
Karte: IGN, Top 25, 3144 OT, Étang de Berre, Maßstab 1:25 000

2 Zum Kreuz der Provence: Montagne Sainte-Victoire

In 30 Ölbildern und 45 Aquarellen hat Paul Cézanne den schroffen Bergrücken der Montagne Sainte-Victoire verewigt. Ohne größere Kletterei führt vom Parkplatz an der D 17 bei Pont de l'Anchois ein alter Steig (12 km) hinauf zum 19 Meter hohen Kreuz auf der Kante des Kalkriegels. Auf einem Feldweg geht es vorbei am Refuge Cézanne und hin zur Felsrinne Pas du Moine. Halten Sie sich beim Durchqueren der wilden Felslandschaft an den Steinen fest! Danach folgt der Weg der Kammlinie zum Kloster (Prieuré), das die Mühen des Aufstiegs mit einer grandiosen Aussicht von der Terrasse der Kapelle Notre-Dame de Victoire belohnt. Ein letzter steiler Aufstieg – und Sie stehen oben auf dem Croix du Provence, die Alpen im Blick, das Umland von Aix zu Füßen.
Wer noch Kondition hat, wählt den längeren Abstieg über den Westkamm der Costes Chaudes zurück zum Ausgangspunkt. Am besten packen Sie ein Picknick ein und genießen dabei dann die wunderbare Aussicht über die Stadt Aix-en-Provence, die Kuppen des Luberon im Norden, die Weingärten und weiten Olivenhaine!

Start: bei Pont de l'Anchois
Info: amisdesaintevictoire.asso.fr/les-sentiers-balises-dans-la-sainte-victoire.html
Schwierigkeit: mittelschwer
Länge und Dauer: 12 km, 4 Std., 750 Höhenmeter
Karte: IGN, Top 25, IGN 3244, ET Montagne Ste-Victoire

3 Durch Kräuter und Rebgärten

Eingeschlossen von Mittelgebirgen, besitzt Nyons ein Mikroklima, das Wein und Oliven lieben. Wie beides angebaut wird, verrät die „Rando Terroir" der Domaine Rocheville. Rund zwei Stunden dauert die große Runde. Zuerst begleitet von Mohn, Ginster, Iris und vielen wilden Kräutern, geht es dann vorbei an Rebgärten und jungen Olivenbäumen, immer weiter den Hang hinauf – mit herrlichen Ausblicken! Unterwegs verraten sieben Stationen unter anderem, wie die Terrassen von Hand aus Steinen geschichtet wurden.

Start: Domaine Rocheville, 117, route de Montélimar, 26110 Nyons,
Info: domainerocheville.com
Schwierigkeit: leicht
Dauer: große Runde 2 Std. (4,5 km), kleine Runde 1 Std. (2 km)

4 Aufstieg zum Mourre Nègre

Mit 1125 Meter Höhe ist der Mourre Nègre der höchste Gipfel des Luberon. Schöne Aussichten, aber auch eine abwechslungsreiche Vegetation bietet der 6,5 Kilometer lange Aufstieg von Norden, der am Parkplatz von Auribeau beginnt und gelb markiert ist. Achtung: Wegen Waldbrandgefahr kann die Strecke im Sommer gesperrt sein. Oben angekommen, bietet sich vom Sendemast her ein Panoramablick von den Alpen hin zur Montagne Sainte-Victoire, ja bis zum Mittelmeer.

Start: Auribeau
Info: altituderando.com
Schwierigkeit: leicht
Dauer: Aufstieg 1,5 Std.
Karte: IGN, Top 25, 3242 OT, Apt / PNR du Luberon, 1:25 000

5 Schlucht von Oppedette

Oppedette, einst aufgegeben, heute wiederentdeckt, hockt als ein Häufchen grober Feldsteinhäuser dramatisch auf einem Felsvorsprung in 525 Meter Höhe. Kaum zu glauben, dass unterhalb der Calavon diese tiefe Schlucht gegraben hat. Durch den wildromantischen Canyon, dessen Felswände 120 Meter steil aufragen, führt ein Rundweg, der mit sieben Kilometern zwar kurz, aber dennoch fordernd ist. Rot-weiß ist die Markierung.

Start: Oppedette, Parking du Belvédère
Info: altituderando.com
Schwierigkeit: mittelschwer
Dauer: 3 Std.
Karte: IGN, Top 25, 3242 OT, Apt / PNR du Luberon, 1:25 000

6 Eselwandern

Seit mehr als 30 Jahren zieht Bernadette von La ferme aux ânes des Bournelles mit ihren Eseln und großen wie kleinen Gästen durch die Provence verte. Kurze Tageswanderungen führen als 10-Kilometer-Runde hinauf zum Turm der Montage d'Artigues oder als 13 Kilometer lange Wanderung zum Mont Major und durch das Umland von Rians. Mehrtagestouren laden zwischen September und Juni ein, die Massive von Sainte-Victoire, Luberon und Verdon auf alten Pfaden zu entdecken, hin zu Dörfern, die Hügelspitzen bekrönen oder sich an Bergflanken schmiegen. Im Juli und August zieht es die Gäste aufgrund der sommerlichen Hitze im Tal hinauf in die Berge des Nationalparks Les Ecrins, wo das Vieh des Sommers auf den Almen weidet und bei Eselwanderungen das Vénéon-Tal und hochalpine Landschaften entdeckt werden können.

Les Bournelles, 83560 Rians,
Tel. 06 66 19 04 47,
provencanes83.com,
Tagestour: 60 €,
unbegleitete Mehrtagestouren: Tagessatz mal Anzahl der Tage

Maßstab 1:350.000
6km
Mont Ventoux
Parc Naturel
Régional
du Luberon
Montagne du Luberon
Plateau de Vaucluse
Plateau d'Albion
Gorges de la Nesque
Combe de la Canaud
Colorado de Rustrel
Chaîne des Alpilles
Dentelles de Montmirail
Montagne de Bluye
la Montagnette
les Plaines
Chaîne de la Trévaresse
Tour du Cardinal
Route de la vie Romaine
Route de la Lavande
Autoroute du Soleil
La Languedocienne
TGV Méditerranée
Montagne d'Albion
Mourre Nègre
AVIGNON
ORANGE
CARPENTRAS
CAVAILLON
ARLES
SALON-DE-PROVENCE
Tarascon
Beaucaire
Bagnols-sur-Cèze
Châteauneuf-du-Pape
Sorgues
Le Pontet
Villeneuve-lès-Avignon
Les Angles
Châteaurenard
Noves
St Rémy-de-Provence
Les Baux-de-Provence
Fontvieille
Maussane-les-Alpilles
Mouriès
Eyguières
Sénas
Orgon
Cheval-Blanc
Oppède-le-Vieux
Ménerbes
Bonnieux
Lacoste
Gordes
Roussillon
Fontaine-de-Vaucluse
L'Isle-sur-la-Sorgue
Pernes-les-Fontaines
Venasque
Apt
Sault
Malaucène
Bédoin
Séguret
Lourmarin
Cadenet
Pertuis
Ansouis
Cucuron
Lauris
Mérindol
Saignon
Buoux
Rustrel
Villars
St Saturnin-d'Apt
Mornas-les-Adrets
Mornas-Village
Sisteron
Lambesc
Pélissanne
Saint-Martin-de-Crau
Remoulins
Pont du Gard
Tavel
Uzès
Sault
St Christol
Sédéron
Montbrun-les-Bains
Monieux
Méthamis
Mazan
Monteux
Entraigues
Vedène
Morières
Caumont-sur-Durance
Cabannes
Graveson
Maillane
Barbentane
Rognonas
Aramon
Montfrin
Vallabrègues
Robion
Taillades
Goult
Murs
Joucas
Cavaillon

FESTUNGEN AUS STEIN UND HELLGRAUEM FELS

In Avignon und seinem Umland spiegelt sich der einstige Einfluss der Päpste noch in mächtigen Bauten. Östlich der lebendigen Stadt schwingen sich die Kalksteinfelsen des Luberon bis zu 1200 Meter hoch und bieten vielen seltenen Tieren und Pflanzen ein Refugium. Hübsche Bergdörfer thronen auf Bergkämmen.

1 Avignon

Die Stadt (93 000 Einw.) liegt an der Mündung der Durance in die Rhône und berührt die Départements Vaucluse, Gard und Bouches-du-Rhône. Am besten parken Sie auf der Flussinsel Île de la Barthelasse Ihr Fahrzeug und lassen sich mit kostenlosen Shuttles zu den Welterbestätten bringen, die sich hinter der Stadtmauer am anderen Ufer verbergen.

SEHENSWERT

Im 14./15. Jh. residierten in Avignon insgesamt neun Päpste und machten es zur Hauptstadt des Christentums. Was sie erbauten, gehört heute zum Welterbe der UNESCO. So auch der **Palais des Papes** TOPZIEL. In weniger als 20 Jahren ließen Benedikt XII. und Clemens VI. den weltweit größten gotischen Palast errichten, wehrhaft und prunkvoll zugleich. Beim Rundgang durch 25 Räume – Prunksäle, Kapellen, Privatgemächer und Terrassen mit Rhôneblick – lässt das Tablet „Histopad" die Vergangenheit virtuell lebendig werden: Menschen, Möbel, Events und Ausstattung. (Das Tablet gibt es gratis zum Ticket.) Frisch restauriert sind die Gärten des Palais des Papes: der obere Garten von Benedikt XII. und Clemens VI. und der untere Garten als Obstgarten von Urban V. (place du Palais, https://palais-des-papes.com/de, tgl. ab 9.00, Juli bis 20.00, Aug. bis 20.30 Uhr, sonst kürzer, Onlinebuchung über: https://reservation.avignon-tourisme.com/en, gestaffelte Preise, u. a. Papstpalast: ab 6,50 €, nur Gärten: 3 €, Papstpalast + päpstliche Gärten: ab 8 €). Teil des Welterbes ist auch die **Kathedrale** (13. Jh.) neben dem Palast. Als landesweit einziger Mittelalterbau komplett barrierefrei ist heute die **Brücke von Avignon** (Pont Saint-Bénezet; 13. Jh.), die mehrmals vom Hochwasser der Rhône fortgeschwemmt wurde. Im 17. Jh. verzichteten Verantwortliche auf den Wiederaufbau der 22 Bögen – heute sind vier erhalten. Wie sie im Jahr 1550 ausgesehen hat, verrät eine 3-D-Rekonstruktion in der Ausstellung „Le Pont retrouvé" (boulevard de la Ligne, avignon-pont.com, Zeiten und Eintritt siehe Palais des Papes, s. o.).
An der Brücke befindet sich ein Aufgang zu den **Remparts d'Avignon**, auf denen Sie – kostenlos – bis zum Garten des Rocher des Doms gehen können. Die kilometerlange Stadtmauer wurde 1355–1370 gebaut, um die Angriffe der Grandes Compagnies abzuwehren, jener Söldnertruppen, die in den Zeiten des Waffenstillstands im Hundertjährigen Krieg (bis 1453) plündernd durch Frankreich zogen. Über zwei Brücken gelangt man vom Zentrum nach Villeneuve-lez-Avignon mit den **Jardins de l'Abbaye Saint-André** (abbayesaintandre.fr).

Der Rocher des Doms grenzt Avignon zur Rhône ab (o.). Die Kathedrale (o. re.) ist Welterbe. Klatschmohn verzaubert das Umland.

MUSEEN

Cy Twombly, Sol LeWitt, Donald Judd, Nan Goldin, Douglas Gordon, Jean-Michel Basquiat, Anselm Kiefer und andere zeitgenössische Künstler zeigt Yvon Lambert in seiner privaten **Collection Lambert** im Palais Caumont (5, rue Violette, collectionlambert.fr, Juli/Aug. tgl. 11.00–19.00, sonst Di.–So. bis 18.00 Uhr, Erw. 10 €). Ebenfalls ein passionierter Kunstsammler war der Modeschöpfer Jacques Doucet (1853–1929), in dessen Stadtpalais (18. Jh.; heute **Musée Angladon)** neben einem Salon aus Fernost Werke von Manet, Degas, Sisley, Cézanne, Picasso und Modigliani wie auch ein Werk von van Gogh zu sehen sind (5, rue du Laboureur, angladon.com, April–Sept. Di.–So. 13.00–18.00 Uhr, Okt.–März Di.–Sa., 8 €). Meisterwerke u. a. von David, Corot, Manet, Sisley, Dufy, Bonnard und Joseph Vernet, der 1714 in Avignon geboren wurde, zeigt das **Musée Calvet** im prächtigen Stadtpalais (65, rue Joseph Vernet, musee-calvet.org, Mi.–Mo. 10.00–13.00, 14.00–18.00 Uhr, Dauerausstellung frei). Einen hervorragenden Überblick über italienische Malerei des 13. bis 16. Jh.s bietet das **Musée du Petit Palais** mit Werken von Botticelli und Carpaccio. Zweiter Schwerpunkt ist die Malerschule von Avignon (15./16. Jh.) mit Arbeiten u. a. von Nicolas Dipre (place du Palais des Papes, petit-palais.org, Mi.–Mo. 10.00–13.00, 14.00–18.00 Uhr).

ERLEBEN

Spannender noch als eine Stadtrundfahrt (visiteavignon.com) mit dem Petit Train oder dem Open-Top-Bus ist es, Avignon mit den **Leihrädern** von Vélopop (velopop.fr) zu entdecken – an 30 Stationen warten 300 Stadträder. **Geführte Fahrradtouren** mit Audioguide, **Familienradfahrten** mit Schatzsuche und kulinarische Biketouren bietet Daytour an (daytour.fr). **Segway-Touren** führen bis zur Île de la Barthelasse (mobilboard.com/fr/agence/segway/avignon).

VERANSTALTUNGEN
Erste Großveranstaltung des Jahres ist **Cheval Passion** mit Messe, Galashows, Wettbewerben und 1200 Pferden (Januar, cheval-passion.com). Zu Mariä Himmelfahrt erobern in geraden Jahren bei der **ALTERAROSA** Rosen die ganze Stadt – sie schmücken u. a. den Kreuzgang des Papstpalastes und schaffen einen Pfad durch die Stadt (über Facebook). Bis heute erfrischend jung ist das 1947 gegründete **Festival d'Avignon,** das drei Wochen lang die gesamte Stadt zur Bühne macht (Juli, festival-avignon.com). Zeitgleich präsentiert das **Festival OFF d'Avignon** 1300 Kulturevents: Straßentheater, Zirkus, Tanz, Lesungen (festivaloffavignon.com).

HOTELS
Das **€€/€€€ Cloître Saint-Louis,** im 16. Jh. als Jesuitenseminar erbaut, birgt heute ein Viersternehotel (20, rue du Portail Boquier, cloitre-saint-louis.com/fr). Eine monumentale Treppe führt im Altstadthotel **€€ Médiéval** zu 35 nostalgisch-komfortablen Zimmern (15, rue Petite Saunerie, hotelmedieval.com).

RESTAURANT
Ein kostenloser Bootshuttle bringt Sie vom Rocher des Doms zum Ausflugslokal **€/€€ Le Bercail** auf der Île de la Barthelasse, wo kreative Küche mundet (162, chemin des Canotiers, Tel. 04 90 82 20 22, restaurant-lebercail.fr).

EINKAUFEN
In **Les Halles** bieten 40 Händler regionale Produkte an (avignon-leshalles.com, s. Unsere Favoriten – „Märkte"). Wie sie verarbeitet werden, zeigen Hobby- und Profiköche in der **Petite Cuisine des Halles** (Sa., 11.00 Uhr,

Tipp

Weine wie Winde

Autan, Tempesta, Maestrale, Tramontane: Ganz schön stürmisch im Glas sind die Weine. Kein Wunder, wenn das Weingut Cave Aureto heißt, und damit „leichte Brise". Warum die ungewöhnliche Namensgebung? Winzer Werner Wunderli: „Ich bin leidenschaftlicher Segler!"

60 A Chemin des Lièvres,
84220 Goult, Tel. 04 90 74 54 67,
aureto.fr

Venasque (o.) gab dem Comtat Venaissin den Namen. Schöne Dörfer im Luberon sind Roussillon (o. re.) und Lacoste mit Burgruine (u.).

außer Aug.). Einen Überblick über die Design-/Kunstszene von Avignon vermittelt das Onlineportal **Les Fabricateurs:** Dessen Mitglieder nehmen am jährlichen Festival Parcours de l'Art teil (Okt., parcoursdelart.com, lesfabricateurs.wordpress.com).

UMGEBUNG
Carpentras (ca. 26 km nordöstl.), in dessen Altstadt Kathedrale und Synagoge einen Platz haben, gilt als Trüffelort. In **Venasque** (37 km östl.) lohnt ein Bummel durch die Galerien. Kanäle durchziehen Frankreichs Antiquitäten-Hauptstadt **L'Isle-sur-la-Sorgue** (17 km östl.). Über den Gardon spannt sich der antike **Pont du Gard** (26 km westl.).

INFORMATION
Avignon Tourisme,
41, cours Jean Jaurès, 84000 Avignon,
Tel. 04 32 74 32 74, avignon-tourisme.com

❷ Apt

Zentrum des Luberon ist Apt (12 350 Einw.). In den engen Gassen wechseln Kunstgalerien mit Boutiquen, Souvenirshops mit Bars und Cafés.

SEHENSWERT
Jeden Sonnabend inszeniert die selbsternannte „Welthauptstadt der kandierten Früchte" ihren **Wochenmarkt** (s. Unsere Favoriten – „Märkte"). Den hoch gelegenen Dorfkern dominiert das **Château** aus dem 11. Jh., das Victor Vasarely restaurierte und das heute das Werk des belgischen Malers Pol Mara ausstellt (Mi.–Mo. ab 9.00 Uhr).

INFORMATION
Office de tourisme Pays d'Apt Luberon,
788, avenue Victor Hugo,
84400 Apt, Tel. 04 90 74 03 18,
luberon-apt.fr

❸–❽ Luberon

Zwischen Cavaillon und Manosque erstreckt sich die Hügellandschaft des Luberon mit Bergdörfern, rot und gelb changierenden Ockerfelsen von Roussillon und Rustrel, mit Lavendelfeldern, Weinbergen und Wäldern, die Wanderer begeistern.

SEHENSWERT
Zu den schönsten Dörfern Frankreichs gehört ❸ **Gordes** TOPZIEL, was sich an den Autoschlangen bemerkbar macht, die sich regelmäßig vor dem Bergdorf stauen. 3 km außerhalb von Gordes vereint das **Village des Bories** Steinhütten, die im 19. Jh. errichtet wurden (levillagedesbories.com, tgl. Okt.–März 9.00–17.30, April–Sept. bis 19.00/20.00 Uhr, 6 €). 4 km nördlich von Gordes liegt an der D177 das Zisterzienserkloster **Notre-Dame de Sénanque** TOPZIEL (1148) mit seinen Lavendelfeldern, zu dem von Gordes auch ein markierter Wanderweg führt (senanque.fr, Besichtigung mit „Histopad"-Tablet, 9 €, Juli/Aug. 10.00–11.00, 13.00–16.30, So. ab 13.45 Uhr; mit Führung, 8,50 €, Mo.–Sa. 10.30, 14.00, 15.30, So. 14.00, 15.30 Uhr; angemessene Kleidung, keine Radel- oder Sportoutfits!).
Gut zu Fuß sollten Sie beim Besuch von ❹ **Oppède-le-Vieux** am Nordrand der Montagne du Luberon sein, denn Treppenwege und schmale Pfade führen zur Kirche Notre-Dame d'Alidon (12. Jh.) und hinauf zur Burgruine des Grafen von Toulouse (13. Jh.). Pierre Cardin hat die Burgruine von ❺ **Lacoste** wieder aufbauen lassen, die über der Heimat des Marquis de Sade thront. Sie ist alljährlich im Juli Schauplatz des Festival de Lacoste für Musik, Tanz und Theater (festivaldelacoste.com). Kirche und Reste der Stadtmauer in ❻ **Bonnieux** gehen auf das 12. Jh. zurück. 6 km nördlich überbrückt seit Römertagen der **Pont Julien** den Calavon – die wichtigste Brücke im provenzalischen Teil der Via Domitia, der alten Römerstraße, ist nur für Radfahrer und Fußgänger zugänglich! Sportkletterer lassen die Kalksteinfelsen von ❼ **Buoux** (12 km östl.) nicht aus. Als „Villa Medici der Provence" wird gerne das älteste Renaissanceschloss der

Provence betitelt, ⑧ **Lourmarin,** heute Kulturzentrum für Musikfestivals, Ausstellungen und Renaissancefeste (chateaudelourmarin.com, Mai–Sept. tgl. 10.00–18.45, April, Okt. 10.30–13.15, 14.30–17.45, Nov.–März 10.30–12.45, 14.30–17.15 Uhr, Erw. 7,50 €). Nobelpreisträger Albert Camus (1913–1960) hat in dem Ort sein Grab. Später zog es den Schriftsteller Peter Mayle (1939–2018) hierher, auch Krimiautor Andreas Heineke hat hier seinen Schreibtisch.

RESTAURANT

Auf den Anhöhen von Gordes liegt **€€€/€€€€ La Table** von Xavier Mathieu. Der Sternekoch lässt sich von den Rezepten seiner provenzalischen Heimat inspirieren, die er marktfrisch neu interpretiert (Le Phébus, Route de Murs, 84220 Joucas, lephebus.com)

INFORMATION

Office de Tourisme de Bonnieux,
7, place Carnot, 84480 Bonnieux,
Tel. 04 90 75 91 90, luberon.fr
Âllo Luberon, Service-Tel. 04 13 33 82 82

Tipp

Leuchtend bunte Felswelt

Mal strahlen sie sonnengelb. Dann glühen die Felsen im tiefen Rot. Oder funkeln im warmen Orange: Was für ein Farbenrausch der Natur bieten die Ockerbrüche von Roussillon und Rustrel. Doch nur, wenn die Sonne scheint! Aus dem Farbenspiel der Felsen stellte einst die Usine d'Ocre jene Pigmente her, mit denen auch Cézanne malte. 20 Naturtöne, die Sie heute dort als Pulver in Tütchen kaufen können. Oder als große Dose für den Fassadenanstrich daheim.

Sentier des Ocres: Juli/Aug. 9.00 bis 19.30 Uhr, sonst kürzer, Erw. 3 €, Kombiticket mit der Usine d'Orcre Mathieu 7,50 €, Rutschgefahr bei Nässe! Conservatoire des Ocres: 1,5 km außerhalb an der RD104 nach Apt, okhra.com, Juli/Aug. 10.00–19.00 Uhr, sonst kürzer, Erw. 7 €

NATUROPTÈRE: DIE GROSSE WELT DER KLEINEN TIERE

Acht Kilometer nördlich von Orange hat Frankreichs berühmtester Insektenforscher gelebt: Jean-Henri Fabre. Abgeschieden wohnte und forschte er in seinem „Harmas", einem der ersten Biobauten Frankreichs. Sein Haus ist heute ein Museum, sein Werk lebt fort im Naturoptère gegenüber. Entdecken Sie dort die faszinierende Welt der Insekten und anderer Kleintiere interaktiv und mit allen Sinnen!

Fabres wichtigstes Hilfsmittel war ein Vergrößerungsglas. So zeigt das Denkmal im Heimatort Sérignan-du-Comtat den Forscher. Und mit diesem Blick stellt auch das Naturoptère die Welt der Insekten und der Pflanzen vor. Werden Sie selbst Naturforscher. Beobachten Sie die Kleinstlebewesen, fassen Sie sie an – und entdecken Sie interaktiv die Beziehungen der Lebewesen mit ihrem natürlichen Lebensraum. Nach der Schau drinnen gehen die Entdeckungen draußen weiter. Im Sprösslingsgarten stellt ein Lehr- und Erlebnispfad die „jeunes pousses" vor, junge Pflanzen wie Jungtiere. Im naturnahen Garten können Sie den

Museum und Haus von Jean-Henri Fabre

Lauf des Jahres im Pflanzenreich erleben und Nutzpflanzen entdecken. Flanieren Sie zwischen Zier- oder Heilpflanzen, schnuppern Sie an Gewürz- und Aromapflanzen und entdecken Sie, welche Pflanzen einst zum Färben und Gerben verwendet wurden. Die pädagogischen Gärten stellen giftige Pflanzen vor und verraten, wie Pflanzen Wasser klären können. Wüstengarten, Steingarten, Gemüsegarten und Ökoteich runden den grünen Außenbereich ab. In den Schulferien vertieft ein prall gefüllter Veranstaltungskalender mit Workshop und Führungen das Angebot des Naturoptère.

Naturoptère: 33, cours Jean-Henri Fabre, 84830 Sérignan-du-Comtat, Tel. 04 90 30 33 20, naturoptere.fr; Juli/Aug. Mo. 10.00 bis 21.00, Di.–Fr. 10.00–18.30, Sa./So. 13.30–18.30, Sept.–Juni Mo., Di., Do., Fr. 9.00–12.30, 13.30–17.00, Mi., Sa., So. 13.30–18.00 Uhr, Erw. 10 €, 5–17 Jahre 7 €

PHOTO
L'ANNEXE
Café

Orange, Drôme provençale

*

SCHLARAFFEN-LAND

*

Seit der Antike ist die Stadt Orange Hochburg der Kultur. Jenseits ihres imposanten Stadtgründungsbogens beginnt das Schlaraffenland der Drôme Provençale, in der edle Trüffeln, weißer Nougat, erlesene Weine und allerfeinste Bioprodukte für Hochgenüsse sorgen.

Viel Betrieb herrscht in der Brasserie L'Annexe an der Place Montfort im Zentrum von Vaison-la-Romaine.

Sie ist die schönste Mauer des Königreichs", soll Ludwig XIV. begeistert beim Besuch des antiken Theaters geschwärmt haben, und bis heute sorgt das besterhaltene Amphitheater der Antike in Frankreich für lang anhaltenden Applaus: Vor seiner stimmungsvollen Kulisse präsentieren die Chorégies d'Orange von Ende Juni bis Anfang August alljährlich Weltstars bei Opernaufführungen und Klassikkonzerten. Ein Tanz-, ein Mittelalter- und ein Jazzfest wurden in letzter Zeit neu gegründet, Kulturdenkmäler saniert. Das lebendige Kulturleben ist Avignon zunehmend ein Dorn im Auge – eine unliebsame Konkurrenz.

Orange – oft nur als Verkehrsknoten angesehen, wo sich die Provence- und Languedoc-Sprintstrecken zur sechsspurigen Rhônetalautobahn A 7 vereinen und Megastaus zu Hauptferienzeiten bescheren – lockt nicht zuletzt mit Veranstaltungen dieser Art immer mehr Urlauber zu einem Abstecher.

DER NOUGAT-KÖNIG

Naschkatzen halten bei der Fahrt in den Süden traditionell bei Arnaud Soubeyran, wo der berühmte Nougat von Montélimar seit 1837 hergestellt wird. „Das Wort Nougat", erklärt Olivier Honnoré, der als Enkel des Firmengründers den Betrieb leitet, „wurde nach Ansicht der Wissenschaftler von lateinisch ‚nux gatum' (Kuchen mit Nüssen) abgeleitet. Doch ...", er schmunzelt und reicht uns einen Teller mit Naschereien, „... wir Einheimischen sind überzeugt: Nougat kommt von ‚tu nous gâtes' – und das bedeutet: Du verwöhnst uns!" Dazu tragen in der Drôme Provençale auf ihre Weise auch andere Produzenten bei: Weit mehr als 1000 Biolandwirte, Biowinzer, Hunderte Hersteller von Produkten mit

»DIE SCHÖNSTE MAUER DES KÖNIGREICHS«

Ludwig XIV. über das Theater von Orange

Stadtgründungsbogen (ganz oben) und Théâtre Antique (oben) in Orange – der Rundgang durch das städtische Leben vor zweitausend Jahren lässt sich bei den Ausgrabungen in Vaison-la-Romaine (unten) fortsetzen.

Oben: In warmem Licht erstrahlt des Nachts die mittelalterliche Oberstadt von Vaison-la-Romaine, über die einst die Burg des Grafen von Toulouse wachte.

Links: Im Gassengewirr der Haut-Bourg von Vaison-la-Romaine reihen sich Restaurants und Bars aneinander.

Rechts: Das Schloss von Grignan war zum Ende der Französischen Revolution nur noch eine Ruine. Erst im frühen 20. Jahrhundert wurde der Renaissancebau wieder errichtet. Die Räume werden für Konzerte, Lesungen und Festivals, die Fassaden als Bühnenkulisse genutzt.

Mitte: Versüßt wird die Reise in das Département Drôme mit einer weltberühmten Spezialität, die bis heute in kleinen Manufakturen handgefertigt wird: dem weichen, weißen Nougat von Montélimar.

Links: Majestätisch erhebt sich das Schloss von Grignan nördlich von Orange auf einem Felssporn. In einer Ausstellung erzählt es den Besuchern seine Geschichte, aber auch das Leben von Marie de Rabutin-Chantal, der Marquise de Sévigné.

Auf zehn Hektar baut Geoffroy Canto unter anderem Syrah für seine ausdrucksvollen Roten der AOC Châteauneuf-du-Pape an.

Eine große Anzahl der Winzer öffnet im Weinbaugebiet Châteauneuf-du-Pape ihre Keller zur Verkostung – die Genießer freut's.

Special

Stoffe in der Provence

Mit feiner Nadel

In der Provence gibt es zwei große Textiltraditionen – Boutis als Stick- und Nähtechnik und Indienne als gewebter, bemalter oder bedruckter Baumwollstoff.

In der Boutis-Technik wird ein doppellagiger Stoff so bestickt, dass sich das Muster als Relief abhebt. Möglich machen dies kleine Polster, die beim Sticken zwischen die Stofflagen geschoben und mit feinen Stichen umrandet werden. Sizilianische Stickerinnen führten die Nähtechnik um 1470 in Marseille ein, wo es bis zur Französischen Revolution mehrere Boutis-Stickereien gab. Als zweiter Name wurde daher auch Broderie de Marseille geläufig. Boutis ist der Vorläufer des Quilts.

Um 1648 brachten Handelsschiffe farbig bedruckte Stoffe aus Indien nach Marseille, die ihre Farben beim Waschen nicht verloren, sondern ungleich leuchtender und bunter wirkten. Begeistert machte Madame de Sévigné diese „Indiennes" am Hof des Sonnenkönigs populär. Indiennes-Manufakturen entstanden in Arles, Avignon und Nîmes, um die rasch steigende Nachfrage zu bedienen.

Indienne: einst beliebter noch als Seide

Mit Daniel und Stéphane Richard, beide gebürtig aus der Provence, begann die Renaissance der Indiennes. Sie belebten die im Jahr 1939 gegründete Marke Souleiado neu – und machten sie ab 2009 zum Synonym für Indiennes.

„Bio"-Auszeichnung und mehr als 20 Prozent Bio-Anbaufläche machen die Drôme zur führenden Ökoregion Frankreichs.

SEHNSUCHTSBRIEFE IN DEN SÜDEN

„Wo liegt denn das?", fragt selbst so mancher Franzose, obgleich im 17. Jahrhundert bereits Frankreichs berühmteste Briefeschreiberin von dieser Region schwärmte: die Marquise de Sévigné. Nachdem 1669 ihre geliebte Tochter Françoise d'Adhémar den Comte de Grignan geheiratet und mit ihm 1671 in die ferne Provence entschwunden war, schrieb die hochgebildete Madame nicht nur 750 Briefe in den Süden, sondern verbrachte auch im Sommer fern des Hofes gleich mehrere Monate bei Françoise auf dem Schloss von Grignan.

Von dessen Terrasse schweift der Blick weit über die vielgestaltige Landschaft der Drôme Provençale: am Horizont gen Osten der kahle Gipfel des Mont Ventoux und zum Nordosten hin die kargen Höhen des Royans-Vercors, davor sanft gewellte Hügel mit tiefgrünen Tannen und Gehöften, die in hellem Ocker aus dem Blätterdach der Reben ragen. Gen Westen gibt es immer weniger Hügel. Auf ihren Spitzen drängen sich Felsnester: Schloss, Kirche und ein paar Häuser hinter einer hohen Mauer. Sie

Was auf dem kahlen Mont Ventoux glitzert, ist kein Schnee, sondern Kalkstein.

heißen Mirmande oder La Garde-d'Adhémar und sind mittags Ziel der Einheimischen: In den Bistrots de Pays wird authentische Landküche serviert. Dienstags gibt es „Caillette", Schweinehack mit Spinat, und am Freitag im Winter ein Trüffelgericht.

DIE WEINE DER PÄPSTE

Im Jahr 1316 wurde ein kränklicher Mann von den Kardinälen zum Papst gewählt. Als Sommerresidenz bestimmte er ein kleines Örtchen auf halbem Wege von Avignon nach Orange: Châteauneuf-du-Pape. 1313 begannen die Bauarbeiten am Schloss, 1350 die Anlage des päpstlichen Weinbergs, dessen Tropfen Papst Johannes XXII. noch bis ins hohe Alter genießen konnte. Das Schloss wurde im 16. Jahrhundert zerstört, der Wein weltberühmt. Auf kalkhaltigen Kiesböden ragen auf 3100 Hektar seine meist nur kniehohen Weinstöcke von Erzeugern auf, deren Cuvées teils Kultstatus unter Weinkennern besitzen. Abgefüllt werden ihre AOC-Weine in Flaschen, die auf dem Etikett bis heute die gekreuzten Schlüssel Petri und die Tiara, die Papstkrone aus drei Kronen, tragen.

GENUSS-ENKLAVE

Papst Johannes XXII. war es auch, der 1317 das Gebiet rund um Valréas unter die Autorität des Heiligen Stuhls stellte. Noch heute bildet die Enclave des Papes mit Valréas als Hauptstadt ein Einsprengsel im Département Drôme. Zu ihr gehören die Kommunen Richerenches mit großem Trüffelmarkt, das Winzerdorf Visan und Grillon mit seiner mittelalterlichen *bourg*. Eine wahrlich gute Kondition für das Mammutprogramm an Genuss gewinnen Besucher durch die Angebote im Département: Auf über 5000 Kilometer Wanderwegen, 2500 Kilometer Reitwegen, 2000 Kilometer markierten Radrouten lässt sich die Drôme Provençale aktiv entdecken!

IN DEN BISTROTS DE PAYS WIRD AUTHENTISCHE LANDKÜCHE SERVIERT, IM WINTER AUCH TRÜFFELN.

FRANKREICHS TRÜFFELLAND

Zwischen Montélimar, Nyons und Orange werden 80 Prozent der köstlichen schwarzen Pilze geerntet. Das Tricastin ist die Trüffelhochburg Frankreichs. In 68 Gemeinden züchten hier Trüffelbauern seit Jahrhunderten den begehrten *tuber melanosporum*. „Nur reife Trüffel riechen", erzählt Bruno Chartron, der als Trüffelpapst der Drôme gilt: Als einziger Spitzenkoch besitzt er einen eigenen Trüffelhain. Dort, wo der Pilz rund um die Bäume Hexenringe geschaffen hat und die Erde *brûlée*, verbrannt, ist, sind daher die Chancen für die Hunde am größten, einen Edelpilz zu finden, verrät er. Von Mitte November bis Mitte März verkaufen die Trüffelbauern ihre edlen Knollen auf den Märkten, die während der Saison an wechselnden Orten abgehalten werden. Auf dem Marché des Professionels wandern die Händler mit Plastiktüte oder Sporttasche in der Hand unter Platanen hin und her oder öffnen den Kofferraum, in dem der Edelpilz in Plastikcontainern aufgereiht ist. Zeigt ein Großhändler oder Gastwirt Interesse, wird ein rascher Blick in die Tüte gewährt und der Preis bestätigt: 1000 Euro je Kilo für den schwarzen Trüffel des Tricastin, der Feinschmeckern als der Edelste unter Europas 32 Trüffelarten gilt. Bezahlt wird bar.

Hinter Séguret (oben), einem Dorf mit Mittelaltercharme, erheben sich wie Spitzen (frz. *dentelles)* die Dentelles de Montmirail. Die Grate der Kalksteinkette (Mitte) zeigen sich scharf und spitz und von Felsfenstern durchbrochen.

Radsportler nehmen die Herausforderung gerne an, die der Mont Ventoux bietet: Der kahle Wächter der Provence erhebt sich 1912 Meter hoch, häufig heißt es, hier oben gegen einen starken Wind anzukämpfen.

Die Erfrischung, die der Händler mit seinen *pâtes de fruits* auf dem Mont Ventoux verkauft, ist nach dem Aufstieg sehr willkommen.

Slow Food in der Provence

NEUE KÜCHE AUS ALTEN SORTEN

Sie ist das Land des Weinbaus, der Olivenhaine, ein riesiger Obst- und Gemüsegarten, Heimat der Trüffeln und Hochburg des Slow Food: die Provence. Engagierte Köche und Erzeuger, Gourmetfeste und Geschmacksabenteuer für den Gaumen halten die kulinarische Vielfalt lebendig.

Weltweit feiert Slow Food die Wiederentdeckung der lokalen Küche. „Bon, propre et juste" – die Haltung, achtsam mit Lebensmitteln umzugehen und nachhaltig wie fair hergestellte Produkte zu verwenden, geht auf die 1980er-Jahre zurück. In der Provence lädt die *cuisine du terroir* ein, authentische Genüsse zu entdecken. Kleine Produzenten, Köche, die sich aus eigenen Gärten versorgen, und Genussforscher, die alte Sorten aus der Vergessenheit holen, sorgen dafür, dass diese Küche im Land tief verwurzelt bleibt.

ANTIALLERGENE KÜCHE

Ob gluten- oder laktosefrei, ihre Gerichte für Allergiker gefallen dem Gaumen, und das Auge genießt: Nadia hat zusammen mit ihrer Mutter, der Spitzenköchin Reine Sammut, aus der Auberge La Fenière (Bild links) in Cadenet die Cuisine libre entwickelt – eine antiallergene, kreative und geschmacksintensive Küche auf Basis lokaler Erzeugnisse, die sich mit der Haute Cuisine verbindet. „Tolérance" ist ihr Herausstellungsmerkmal.

BLÜTEN FÜR DEN TELLER

Aventurières du Goût, Geschmacksabenteurerinnen, nennen sich Jacqueline Toumissin und Odile Daniel. Im Tal des Toulourenc laden sie ein, essbare Pflanzen und Blüten zu entdecken. Das Ziel der beiden Frauen: Groß und Klein für eine gesunde Ernährung zu sensibilisieren. Amaranth, Spitzwegerich, Malven, Pimpernelle, Sauerampfer, Löwenzahn und Weinblätter wandern beim Spaziergang in den Korb. Dann wird zerkleinert, püriert und gekocht. Und gemeinsam draußen auf der Terrasse geschlemmt: Polenta mit Wildblüten, Ziegenkäse mit Brennnessel auf Feige ... Gerichte, die das Erbe des „Terroirs" sind.

DEM GRÜN AUF DER SPUR

Potager d'un Curieux, Garten eines Neugierigen, nennt Jean-Luc Danneyrolles die Fläche, auf der er seit 1985 rund 200 alte Gemüse-, Obst- und Blumenspezies kultiviert, darunter vergessene Tomatenarten wie die Principe de Borghese oder Noire de Crimée. Der gärtnernde Aktivist setzt der Gentechnik selbst produziertes Saatgut entgegen. Mit den Samen können experimentierfreudige Gärtner:innen in ihrem eigenen Garten vergessene Kulturpflanzen ziehen.

Naturgärten stehen auch im Mittelpunkt der „Plantes Rares et Jardin Naturel", eines Festes, das Sérignan-du-Comtat alljährlich begeht. Im Herbst feiert das Festival „Ventoux Saveurs" drei Wochen lang die lokalen Produkte mit Ausstellungen, Kochkursen und kulinarischen Wanderungen. Fast zeitgleich treffen sich provenzalische Spitzenköche bei der „Fête de la Gastronomie de Provence".

Oben: Haute Cuisine verbindet sich in der Auberge La Fenière mit dem Slow-Food-Gedanken.

Unten: Natur zum Begreifen in Sérignan-du-Comtat

Seltene Pflanzen sind die Stars beim Fest „Plantes Rares et Jardin Naturel".

Fakten & Informationen

Auberge La Fenière: Nadia Sammut, route de Lourmarin, 84160 Cadenet, aubergelafeniere.com
Aventurières du Goût: Le Village, 84390 Brantes, lesaventurieresdugout.org, April–Nov.
Potager d'un Curieux: La Molière, 84400 Saignon, facebook.com/LePotagerdunCurieux, März–Okt.

Feste und Festivals (Auswahl)
April – Plantes Rares: plantes-rares.com. Sept. – Festival Ventoux Saveurs Nature: Carpentras, ventoux-saveurs.fr; Fête de la Gastronomie: Aubagne, economie.gouv.fr

Maßstab 1:350.000
0
6km
MONTÉLIMAR
ORANGE
CARPENTRAS
Nyons
Valréas
Grignan
Vaison-la-Romaine
Bollène
Pierrelatte
Donzère
Bagnols-sur-Cèze
Pont-St Esprit
Vallon-Pont-d'Arc
Mont Ventoux
Gorges de l'Ardèche
Baronnies
Autoroute du Soleil
1
2
3
4
5

FASZINIERENDE ANTIKE UND RAUE BERGWELT

In der Antike haben die Römer, im Mittelalter die mächtigen Grafen von Adhémar dem Norden der Provence ihren Stempel aufgedrückt. Markant in der Region ist der Mont Ventoux, zu dessen Fuß sich die Trüffelwälder, Olivenhaine, Rebgärten und die Lavendelfelder des Sault-Tales erstrecken.

1 Orange

Die Römerstadt (29 476 Einw.) liegt an der Route du Soleil, die sich kurz vor dem Ort in die Autobahnen A7 (Marseille – Côte d'Azur) und A9 (Languedoc) teilt.

SEHENSWERT
In Orange ist das einzige **Antike Theater** TOPZIEL Frankreichs, das noch eine Bühnenmauer besitzt: 36 m hoch und 103 m lang, bildet sie die Kulisse für sommerliche Opernaufführungen (choregies.fr) mit Weltstars und lädt zum Escape Game (Théâtre antique, rue Madeleine Roch, Tel. 04 90 51 17 60, theatre-antique.com, April–Sept. 9.00–18.00/19.00 Uhr, sonst kürzer, Erw. 10 € inkl. Museum, Escape Game 5 €). Ebenfalls aus römischer Zeit erhalten ist an der antiken Via Agrippa nach Lyon ein 18 m hohes, dreibogiges **Monumentaltor,** das oft als Triumphtor (Arc de triomphe) betitelt wird. Die antiken Inschriften verraten jedoch, dass es sich um einen Stadtgründungsbogen handelt. Die **Altstadt** von Orange, die sich nördlich des Theaters erstreckt, wurde in den letzten Jahren behutsam saniert; sehenswert sind vor allem die ehemalige Kathedrale **Notre-Dame** (1083–1126) und das schmucke **Rathaus** (Hôtel de Ville) von 1671. Treppenwege führen hinauf zur **Colline Saint-Eutrope.** Vom 105 m hohen Hügel, heute mit großem Park samt Ruinen, Spielplätzen und dem Restaurant La Guinguette (facebook.com/laguinguetteorange), bieten sich schöne Ausblicke auf Stadt und Antikes Theater.

MUSEUM
Gegenüber dem Theater bereitet das **Musée d'Art et d'Histoire** die Stadtgeschichte seit der Antike auf – bis zur Salle de Wetter, die auf die Indiennes-Manufaktur von Jean-Rodolphe Wetter in Orange verweist. Dort sind ab 1757 Kattungewebe exotisch bedruckt worden (rue Madeleine Roch, Tel. 04 90 51 17 60, theatre-antique.com, April–Sept. 9.15–18.00/19.00 Uhr, sonst kürzer, Erw. 5,50 €, inkl. Audioguide).

HOTEL
Kinderfreundlich ist das €€ **Hôtel Arène** (4-6-8 place de Langes, hotel-arene.com).

Herz der Stadt Orange ist das Antike Theater (o.). Ausgrabungen aus römischer Zeit sind umfassend auch in Vaison-la-Romaine zu bewundern (re.).

UMGEBUNG
Rund 50 Winzer ermöglichen in **Châteauneuf-du-Pape** (11 km südl.) eine Verkostung. Zwischen Vallon-Pont-d'Arc und Saint-Martin-d'Ardèche hat die Ardèche die grandiosen **Gorges de l'Ardèche** geschaffen (45 km nordwestl., gorgesdelardeche.fr); ein Erlebnis ist, durch die 26 km lange Schlucht zu paddeln (guides-nature-gorges-ardeche.net)!

INFORMATION
Office de Tourisme d'Orange,
5, cours Aristide Briand, 84100 Orange,
Tel. 04 90 34 70 88, www.poptourisme.fr

2 Montélimar

Wer aus dem Norden kommt, merkt gleich: In Montélimar (41 400 Einw.) beginnt der Süden.

SEHENSWERT
Montélimar entwickelte sich zu Füßen des **Château des Adhémar** (12. Jh.), der bedeutendsten mittelalterlichen Wohnburg im Rhônetal, die im 16. Jh. ihre Bastionen erhielt. Fast 500 Jahre lang Gefängnis, birgt sie heute ein Kunstzentrum, das mit Ausstellungen international berühmter Künstler wie Daniel Buren und Olga Kisseleva für Aufsehen sorgt (www.facebook.com/chateaumontelimar, Juli/Aug. tgl. 10.00–18.00, sonst 10.00–12.30, 14.00 bis 18.00 Uhr, Erw. 6 €). Als grüner Gürtel umgeben die Platanen-Boulevards der **Allées Provençales** die Altstadt – samstags mit großem Markt! Das **Collégiale Sainte-Croix** ist für seine Hamburger Beckerath-Orgel berühmt, die u. a. beim Jour de l'Orgue (Mai) erklingt (12, rue Sainte-Croix, beckerathamontelimar.com). Zu den schönsten Stadtpalais der Renaissance gehört die **Maison de Diane de Poitiers** (1549).

UMGEBUNG
In und um **Dieulefit** (27 km östl.) arbeiten rund 40 Töpferei- und Keramikwerkstätten – in ungeraden Jahren wird zu Pfingsten ein Töpfermarkt abgehalten.

INFORMATION
Montélimar Tourisme,
Espace St-Martin, 26200 Montélimar,
Tel. 04 75 01 00 20,
montelimar-tourisme.com

Tipp

In der Welt des Nougats

Fast vier Stunden braucht man bei Arnaud Soubeyran, um das weiße Konfekt aus Eischnee, Zucker, Lavendelhonig und Mandeln herzustellen. Wie das geht, zeigen Führungen und sein Nougatmuseum. Auch Monsieur Savin lädt in Montélimar ein, hinter die Kulissen der handwerklichen Herstellung zu schauen. Als süße Erlebnis- und Shoppingwelt mit Nougatfabrikation, Spielewelt, Museum und Shop begeistert der Palais des Bonbons et du Nougat gerade auch junge Naschkatzen.

Soubeyran: Zone Commerciale sud, RN 7, nougatsoubeyran.com
Savin: SUPREM'NOUGAT, 3, avenue St-Martin, suprem-nougat.fr
Palais des Bonbons: 100, route de Valence, palais-bonbons.com

3 Grignan

Grignan (1590 Einw.), seit der Bronzezeit besiedelt, ist mit seinem Renaissanceschloss schon vom Anblick her Provence pur.

SEHENSWERT
Atemberaubend ist die Aussicht von der Terrasse des **Château de Grignan** TOPZIEL (www.chateaux-ladrome.fr/fr/chateau-de-grignan, Juli/Aug. tgl. 10.00–18.00 Uhr, sonst kürzer, 8 €). Ihre letzte Ruhestätte fand die Marquise de Sévigné in der Stiftskirche **Saint-Sauveur** (1535–1543), die unterhalb der Schlossterrasse von Louis Adhémar mit zwei Viereckstürmen und Fensterrose im gotischen Stil errichtet worden ist. Den Zugang zum versiegelten Grab markiert vor dem Altar ein großer Stein aus Marmor. Hinab in den Ort mit einem **Brunnendenkmal der Sévigné** (1857) an der Place de l'Horloge führen kleine, enge Gassen, die sich um den Berghang winden.

Hoch über den Gorges de la Nesque verläuft die kurvenreiche Straße mit tollen Aussichtspunkten.

MUSEEN
In der Maison du Bailli ist die **Maison de l'Imprimeur / Colophon** mit Buchdruckerwerkstatt und Museum ein Kleinod für alle, die Literatur und Lettern lieben (3, place Saint-Louis, colophon-grignan.fr, Juli/Aug. tgl. 10.30 bis 14.30, 16.00–19.00 Uhr, sonst kürzer, Erw. 5 €). Schreibkunst und Kalligrafie widmet sich die **Galerie Terres d'Écritures** (rue Saint-Louis, artistescontemporains.org, Zeiten s. Website). Als größte Krippenszene der Welt wird das **Village Provençale** im Guinnessbuch der Rekorde geführt – auf 400 m² zeigt es provenzalische Dorfszenen mit Figuren, die 0,7 bis 30 cm messen (La Tuilière, Route de Valréas, village-miniature.fr, Juli/Aug. tgl. 10.00 bis 19.00 Uhr, sonst kürzer, 5,50 €).

HOTEL
Im Stadtpalais **€€€ Le Clair de la Plume** duftet jedes der acht edel-nostalgischen Zimmer und der Suite nach Lavendel, am Herd zaubert Dreisternekoch Glenn Viel (place du mail, clairplume.com). Das Restaurant wurde als eines der ersten in Frankreich für nachhaltige Gastronomie ausgezeichnet.

Tipp

Messe für schwarze Diamanten

Die Saison der Trüffelmärkte beginnt jährlich um den 21. November in Richerenches mit dem „Ban des Truffes", einer festlichen Messe. Die Trüffelsucher bringen ihre prächtigsten Exemplare als Gaben mit, die die Kirche mit intensivem Duft erfüllen. Anschließend führt die „Confrérie du Diamant Noir et de la Gastronomie" in traditioneller Kluft einen Straßenumzug bis zum Rathaus, wo die Trüffeln gewogen und zugunsten der Kirche versteigert werden.

richerenches.fr

UMGEBUNG
Die Marquise de Sévigné suchte zum Schreiben gerne die **Grotte de Rochecourbière** (1 km südl.) unter einem Felsüberhang auf. 8 km südl. liegt das Trüffelstädtchen **Richerenches.** Die Burg von **La Garde-d'Adhémar** (17 km westl.) auf einem Felsen über der Rhône weist den Weg zum gleichnamigen Dörfchen. Für Gänsehaut sorgen weitere 8 km westl. die imposanten Echsen der **Ferme aux Crocodiles** (395, allée de Beauplan, Pierrelatte, lafermeauxcrocodiles.com, Juli/Aug. 9.30–19.00, sonst bis 17.00/19.00 Uhr, 18,50 €, online 17 €). Das Musée de Soie in **Taulignan** zeigt die Entwicklung von der Raupe zur Seide (7 km östl., place du 11 novembre).

INFORMATION
Office de Tourisme du Pays de Grignan, 12, place Jeu de Ballon, 26230 Grignan, Tel. 04 75 46 56 75, grignanvalreas-tourisme.com

4 Nyons

Klein und schwarz sind die Früchte, die Nyons (6850 Einw.) berühmt gemacht haben: Oliven. Sie gedeihen in dem milden Mikroklima.

SEHENSWERT
Die große **Altstadt** von Nyons liegt am rechten Ufer des kleinen Flüsschens Eygues, das seit 1409 der **Pont Roman** als Steinbrücke mit einem 43 m breiten Bogen überspannt. An der Promenade de la Digue präsentiert der **Jardin des Arômes** 200 Duft- und Heilpflanzen. Wie aus Lavendel die ätherischen Öle gewonnen werden, verrät die **Distillerie Bleu Provence** bei Vorführungen (58, promenade de la Digue, distillerie-bleu-provence.com, Führungen Juli/Aug. Mo., Di., Do., Sa. 10.30, 15.00, Mi. 15.00, Juni, Sept. Di., Do., Fr. 15.00 Uhr, sonst kürzer, Erw. 5,50 €). Die überdachte Rue des Grands Forts führt hinauf zur Ruine des **Château Féodal,** das im 13. Jh. zum Schutz des Monastère Saint-Vincent errichtet worden war.

MUSEEN
Einblicke in Anbau und Verarbeitung von Oliven gewährt die **Coopérative du Nyonsais**

im Erlebnismuseum Vignolis (place Olivier de Serres, vignolis.fr, April–Nov. Mo.–Sa. 9.00 bis 12.20, 14.00–18.30/19.00, Juli/Aug. tgl. 9.00 bis 19.00 Uhr). Fasermatten *(scourtins)* für die Ölpressen stellt die **Scourtinerie** her (36, La Maladrerie, scourtinerie.com, Mo.–Sa.).

VERANSTALTUNG
Anfang Feb. feiert Nyons die **Fête de l'Alicoque,** bei der Mitglieder der „Chevaliers de l'Olivier" in Festtracht das neue Öl auf einer Scheibe Knoblauchbrot testen (nyons.com).

INFORMATION
Office de Tourisme du Pays de Nyons, place de la Libération, 26110 Nyons, Tel. 04 75 26 10 35, nyons.fr

5 Vaison-la-Romaine

Vaison (6100 Einw.) besteht aus der Oberstadt mit Burg und Einkaufsstraßen sowie dem antiken Vasio nördlich des Zentrums, Frankreichs größter römischer Ausgrabungsstätte.

SEHENSWERT
Fast 70 ha groß war einst die römische Stadt **Vasio.** Im Quartier de la Villasse führt die Rue Centrale bzw. Rue aux Boutiques zu den antiken Thermen; im Quartier de Puymin sind v. a. das luxuriöse Patrizierhaus Maison de Messii, das Theater und das Musée Archéologique Théo-Desplans sehenswert (rue Bernard Noël, provenceromaine.com/billetterie, Juni–Sept. tgl. 9.30–18.30 Uhr, sonst kürzer, Erw. 9 €).
In die Oberstadt kommen Sie über den **Pont Romain,** der mit einem einzigen Bogen die Ouvèze überspannt. Durchs Gassengewirr der **Haute-Bourg** geht es hinauf zur Burgruine mit ihrem Paradeblick auf den Ort und das Umland.

HOTEL/RESTAURANT
€€/€€€ Le Beffroi in der Oberstadt gehört, etwas nostalgisch, zu den besonders radfahrerfreundlichen Hotels der Provence (2, rue de l'Évêché, Tel. 04 90 36 04 71, le-beffroi.com). Provenzalische Küche serviert **€/€€ L'Annexe** (place Montfort, Tel. 04 90 36 00 03).

UMGEBUNG
Im Süden ragen die **Dentelles de Montmirail** (15 km) auf und begeistern Sportkletterer mit schwierigen Routen entlang der 8 km breiten Kalkkette. Von Weinbergen umgeben ist **Séguret** (9 km südwestl.). Was auf der Kuppe des **Mont Ventoux** (20 km östl.) weiß glitzert, ist kein Schnee, sondern Kalkstein. Auf einem Hügel gelegen ist das Städtchen **Sault** (45 km südöstl.), Ausgangspunkt für die Route de la Lavande (s. Zur Sache – „Lavendel") und den Mont Ventoux. Von hier sind die **Gorges de la Nesque** (54 km südl.) bald erreicht.

INFORMATION
Office de Tourisme, place du Chanoine Sautel, avenue Général de Gaulle, 84110 Vaison-la-Romaine, Tel. 04 90 36 02 11, vaison-ventoux-tourisme.com

CRAFTBIER GANZ BIO

Pastis und Rosé, das sind die Getränkeklassiker aus der Provence. Doch auch das Bierbrauen hat eine lange Tradition. In der keltischen Stätte von Roquepertuse, westlich von Aix-en-Provence, haben Archäologen die allerersten Zeugnisse der Bierherstellung in Frankreich entdeckt. Sie reichen bis ins 5. Jahrhundert v. Chr. zurück! Im Zuge der Rückbesinnung auf lokale Wurzeln und Traditionen wurde auch das Bierbrauen wieder populär in der Provence, und überall eröffnen Mikrobrauereien.

Eine von ihnen ist „La Vieille Mule". Auf Quellwasser und lokalem Malz stellen Cynthie, die zuvor in der PR tätig war, und der ehemalige Umweltingenieur Rémi heute handwerklich mehrere Biere her, u. a. Helles, Weizen, ein Amber, India Pale Ale nach englischem Vorbild und ein im Cognacfass gereiftes Stout.

Mit den ersten Brauversuchen in der Küche begann ihr Bier-Abenteuer. Die ersten Ergebnisse waren so süffig, dass Rémi umsattelte, das Brauen an der Universität La Rochelle studierte und den Sprung in die Selbstständigkeit als Bio-Brauer wagte. Die Gerste baut sein Freund David in Bonlieu-sur-Roubion an,

In La Vieille Mule brauen Cynthia, Aurélie, Rémi und Clément (von li. nach re.) bis zu zehn unterschiedliche Biere.

das Mälzen übernehmen die Malteurs Echo in Ardèche. Solarenergie erhitzt die Maische, ein Holzofen wärmt die Brauerei. Den restlichen Strombedarf deckt die Genossenschaft Enercoop ganz öko. Und auch beim Vertrieb stehen die Zeichen auf Grün.

Das beste Craftbier der Provence
Drôme: La Vieille Mule, quartier Labry, 26160 Le Poët-Laval, Tel. 06 16 57 37 11, lavieillemule.com
Marseille: Brasserie de la Plaine, 16, rue Saint-Pierre, 13006 Marseille, Tel. 04 91 47 32 54, brasseriedelaplaine.fr
Avignon: Brasserie Artisanale „La Comédienne", 135, ave. Pierre Semard, 84000 Avignon, Tel. 04 90 87 53 45, lacomedienne.beer
Arles: Brasserie Artisanale Arlesienne, 13310 Saint-Martin-de-Crau, Tel. 06 13 52 20 74, über Facebook
Haute-Provence: Cérévisia, 75, rue Antoine Lavoisier Zone Artisanale, 04700 Oraison, Tel. 04 92 75 19 49, facebook.com/brasseriecerevisia

Haute-Provence

*

BERGWELT MIT FALTEN

*

In der Haute-Provence wachsen die Hügel zu Bergriesen empor. Bei seinem Marsch auf Paris kam Napoleon durch diese stillen bäuerlichen Landschaften, deren Grenzfeste Sisteron Farben und Flair des Südens bewahrt.

Seine spektakuläre Lage unter dem Rocher de la Baume macht Sisteron zur Perle der Hochprovence.

Vor 200 Millionen Jahren zerbrach der Superkontinent Pangäa in mehrere Platten und schuf zwischen Ur-Afrika und Ur-Europa ein seichtes, warmes Meer: den Thetys-Ozean. Seine Fluten bedeckten auch das Gebiet der heutigen Haute-Provence. Ablagerungen von Korallen, Algen und Muscheln senkten sich als Sedimente auf den Boden, verfestigten sich unter Hitze und Druck und schufen so Sand- und den hellen Kalkstein, der heute die Landschaft prägt. Vor 100 bis 20 Millionen Jahren rückte Ur-Afrika näher, schob die Thetys zusammen und drückte ihre Kalk-, Sand- und Tongesteine in einen Tiefseegraben, der sich füllte. Die Afrikanische und die Europäische Platte stießen aufeinander, die Afrikanische Platte drückte nach Norden, schob sich unter die Europäische Platte. Der Meeresboden faltete sich unter dem enormen Druck: Die Alpen entstanden.

Turmbewehrt: Belfried in Lurs (oben) und Schlossturm in Sigonce (Mitte). Naturstein dominiert in Lurs (unten).

LEBENDIGE GEOLOGIE

Rund um Digne-les-Bains lässt sich die Gebirgsbildung auf engstem Raum entdecken. Die Region bietet aus vier Erdzeitaltern einen so reichen Schatz an Fundstellen und Fossilien, dass sie bereits im Jahr 2000 von der UNESCO zum ersten Geopark in Europa erklärt wurde. Allein die Ammonitenplatte von Digne, die Dalle aux Ammonites, versammelt mehr als 1550 Ammoniten auf sich, einige mit einer Größe von bis zu 70 Zentimetern, darüber hinaus Muscheln, Belemniten („Donnerkeile", also Kopffüßer) und Nautilusarten, muschelähnliche Brachiopoden (Armfüßer), Seelilien – alle mehr als 200 Millionen Jahre alt.

SPANNEND INSZENIERT DIE HAUTE-PROVENCE IHRE ERDGESCHICHTE.

Entdeckt wurden die Zeugnisse der Urzeit erst Anfang des 20. Jahrhunderts bei Straßenbauarbeiten für die D 900 A. Bei Barles führt eine Wanderung durch

Oben: Oberhalb des Dorfes Les Mées ragen im Tal der Durance Felsen in bizarren Formen empor – die Pénitents des Mées.

Links: Der pure Landschaftsgenuss – ein Picknick in der Montagne de Lure, wo der Blick weit über die Höhen reicht.

Links: Elegantes Haus in Sisteron mit schmiedeeisernen Brüstungen.
Rechts: Zahnähnliche Verzierungen am Portal der Abteikirche von Ganagobie.

Die farbigen Mosaiken in der romanischen Abteikirche von Ganagobie sind in ihrem Ausmaß und ihrer Ikonografie in Frankreich einzigartig.

Auf einem Felsriegel hoch über Sisteron thront die Zitadelle. Darunter duckt sich die Altstadt mit ihren Gassen und hohen Häusern aus vergangenen Jahrhunderten.

Lurs zeichnet sich durch seine Lage hoch auf einem Berg aus – ihr verdankt sich der weite Blick über das fruchtbare Tal der Durance.

Wald zu einem räuberischen Wirbeltier: 4,20 Meter groß, schmückt der Ichthyosaurus La Robine, halb Fisch, halb Echse, den Fels. Im Bachbett der Clues de Barles lassen sich versteinerte Meeresströmungen *(Courants fossiles)* bewundern. Die Pénitents des Mées, eine 114 Meter hohe und einen Kilometer lange Sequenz steinerner „Büßer" südlich von Digne, werden nachts sogar angestrahlt: So spannend wie stimmungsvoll inszeniert die Haute-Provence ihre außergewöhnliche Erdgeschichte.

Diese hat auch den britischen Land-Art-Künstler Andy Goldsworthy inspiriert. Rund um Digne-les-Bains hat er bei seinem „Refuge d'Art"-Projekt für traditionelle Steinhütten der Hirten und Bauern, Kapellen am Wegesrand und verlassene Hofstellen jeweils eine Skulptur gefertigt, die jetzt das ländliche Erbe schmücken. Ein 150 Kilometer langer Wanderweg erschließt als rund zehntägige Runde diese „Refugien der Kunst" – in drei von ihnen können Sie sogar kostenlos eine Nacht verbringen!

NAPOLEONS GEWALTMARSCH

Ob Napoleon wohl Augen gehabt hat für die geologischen Wunder der Haute-Provence, die er mit seinen Soldaten durchquerte? Im März 1815 war der geschasste Kaiser mit 900 Anhängern aus dem Exil auf Elba in Golfe-Juan (Vallauris) gelandet, hatte in Antibes die letzten Vorbereitungen getroffen und war über Grasse, Digne und Sisteron nach Gap marschiert, wo ihn die Menge begeistert empfing. Zwei Wochen später war er dann am Ziel: Am 20. März 1815 erreichte Napoleon Paris und stand im Innenhof des Tuilerienpalastes. Die Herrschaft der 100 Tage begann. Sie endete auf dem Schlachtfeld von Waterloo am 18. Juni 1815. Nach seiner Abdankung vier Tage später wurde Napoleon nach St. Helena im Südatlantik verbannt.

Bis zu 50 Kilometer waren Napoleon und seine Anhänger täglich unterwegs gewesen. In nur einer Woche bewältigten sie die rund 335 Kilometer lange Strecke von Golfe-Juan bis nach Grenoble, nur drei Wochen brauchten sie bis Paris. Heute folgen die Nationalstraßen RN 85 und 75 als „Route Napoléon" ihrem Gewaltmarsch. Für Wanderer wurde die 165 Kilometer lange Fernwanderstrecke GR – Grande Randonnée 406 zwischen Grasse und Sisteron angelegt. Auch Reiter können seit kurzer Zeit hoch zu Ross Napoleons Spuren folgen – auf dem Grand Itinéraire Equestre, der im Jahr 2015 zum 200. Jahrestag des Marsches von der Fédération Française d'Équitation (FFE) und dem Comité National de Tourisme Équestre (CNTE) gemeinsam initiiert wurde.

HEILENDE QUELLEN

Bereits die römischen Feldherren tankten im Hügelland östlich der Durance Kraft und kurierten ihre Leiden. Saubere Bergluft, 300 Sonnentage im Jahr und heiße Quellen wirken seit der Antike wie ein Jungbrunnen. Im Vallon des Eaux Chaudes östlich von Digne-les-Bains sprudeln gleich fünf Heilquellen. Die 37 bis 52 Grad Celsius heißen Quellen, die schon der römische Geschichtsschreiber Plinius lobte, lindern mit ihrem hohen Gehalt an Schwefel, Brom, Chlor, Jod und

SAUBERE BERGLUFT UND HEISSE QUELLEN WIRKEN SEIT DER ANTIKE WIE EIN JUNGBRUNNEN.

In Lavendelfelder gebettet: Banon mit seinen mehrstöckigen Häusern.

Kalzium besonders Erkrankungen der Atemwege und chronisches Rheuma. Vom Kurmittelhaus, das direkt am Austritt der Quellen erbaut wurde, pendeln Busse in die Stadt. Zweites berühmtes Thermalbad der Haute-Provence ist Gréoux-les-Bains am Verdon (s. Kapitel Aix und der Osten), wo das 42 Grad Celsius warme Wasser reich an Magnesium und Spurenelementen ist.

SCHAFSFÜSSE FÜR SCHLEMMER

In der Haute-Provence ist Massentourismus ein Fremdwort. Hier, wo das Lila des Echten Lavendels mit dem Hellgelb der Dinkelfelder wechselt und bewaldete Hügelketten die Macht der Mistralwinde mildern, ist die Provence ländlicher, einsamer und authentischer als im Süden. Das Leben geht einen gemächlicheren Gang, die Küche ist bodenständig und ehrlich und Lamm das Fleisch, das fast täglich auf dem Teller landet.

Die Kooperative „Bergers du Soleil" vereint mehr als 400 Züchter, die mit ihren Schafherden über die Hügel wandern und dafür sorgen, dass das Lamm aus Sisteron so unvergleichlich zart und würzig schmeckt. Unter der Herkunftsbezeichnung IGP (Indication Géographique Protégée) ist es geschützt, mit dem Gütesiegel Label Rouge wird es verkauft und alljährlich zu dem Feiertag

Special

Hugenotten

Auf den Spuren der Hugenotten

Frankreich 1685: Ludwig XIV. hebt das Edikt von Nantes auf, das seit 1598 den Hugenotten die Ausübung ihrer Religion in Frankreich garantierte.

Da der Sonnenkönig zur Sicherung seiner Macht auf die katholische Kirche setzt, werden vor allem die Hugenotten vertrieben. Sie suchen in unwegsamen Regionen Zuflucht – auch in der Haute-Provence, wo Sisteron eine ihrer Hochburgen wird. In Forcalquier verwandeln sie eine Wohnung in der Rue du Palais 12 in ein verstecktes Gemeindezentrum. Doch selbst dort bleiben die Hugenotten nicht unentdeckt. Wer erwischt wird, den „falschen" Glauben zu praktizieren, wird von den königlichen Soldaten gefangen genommen und nach Aigues-Mortes in die Camargue verschleppt. Dort landen die Männer als „Sträflinge des Königs" auf den Galeeren, die Frauen lebenslang im Turm „Tour de Constance" an der Wehrmauer der Stadt. 30 Jahre verbringt die berühmteste Hugenottin dort im Dunkeln: Marie Durand. Ihre in die Wand geritzte Parole „résister" ist dort noch immer zu lesen …

Fernwanderweg zu den Hugenotten

Heute folgt der Fernwanderweg „Auf den Spuren der Hugenotten" (surlespasdeshuguenots.eu) über ca. 1800 km dem historischen Fluchtweg der Hugenotten von der Dauphiné durch die Schweiz bis ins deutsche Exil, nach Bad Karlshafen in Hessen.

Links: Forcalquier – Altstadtgasse und achteckige Chapelle Notre-Dame auf dem Zitadellenhügel

Direktverkauf von Obst und Gemüse bei Forcalquier

In Manosque geht es durch die Porte du Soubeyran in die mittelalterliche Stadt.

Reichlich Charme besitzen die Städtchen im Tal der Durance wie in den Bergdörfern der Haute-Provence.

Rechts: Flohmarkt auf der Place Bourguet in Forcalquier

Unten: Café mit viel Nostalgie im westlich von Forcalquier auf dem Plateau d'Albion gelegenen Dorf Banon

Mitte rechts: Was für eine Auswahl in der Bäckerei in Banon, von würzigem Brot über leichte Brioches bis zum frischen Apfelkuchen – so lässt sich ein ausgedehntes Frühstück gestalten!

Links: Südfranzösisches Savoir-vivre kennzeichnet die Altstadt von Manosque mit ihren Restaurants und Cafés.

Licht- und Schattenspiel in der Platanenallee …

… und auf den Kalkfelsen der Schlucht bei Oppedette

»LA PROVENCE DISSIMULE SES MYSTÈRES DERRIÈRE LEUR ÉVIDENCE.«

»DIE PROVENCE VERSTECKT IHRE GEHEIMNISSE HINTER IHRER OFFENSICHTLICHKEIT.«

Jean Giono

Christi Himmelfahrt bei der Fête de l'Agneau in Sisteron gewürdigt. Denn Sisteron ist Frankreichs Lammhauptstadt. 600 000 Lämmer pro Jahr verarbeitet der städtische Schlachthof. Das Traditionsgericht „Pieds & Paquets" packt die Conserverie Rizzo in die Konserve. Bei den *pieds* handelt es sich um Schafsfüße, bei den *paquets* um kleine Pakete aus Schafsmagen, die mit Speck und Schinkenwürfeln, Knoblauch, Pfeffer und Petersilie gefüllt sind. Zehn Stunden lang köchelt die Speise in Blut und einer Weißwein-Tomatensoße langsam vor sich hin, bis sie so lecker schmeckt, dass Kenner kilometerweit fahren, um diese regionale Spezialität zu kosten. Im Zuge der Uniformisierung der Küchen verabschiedet sie sich bedauerlicherweise langsam von den Speisekarten.

DER KASTANIENKÄSE

Der römische Kaiser Antoninus Pius (86 bis 161 n. Chr.) soll sich an einer Spezialität der Haute-Provence zu Tode gegessen haben, die in Kastanienblätter verpackt und mit Baststreifen fixiert wird: dem Banon. Als einziger Käse der Region Provence-Alpes-Côte d'Azur ist er als AOC geschützt, seine Herstellung genau festgeschrieben. Nur in 179 Kommunen der Départements Alpes-de-Haute-Provence, Hautes-Alpes, Drôme und Vaucluse darf der rohe Ziegenkäse aus der Milch der Rassen Provençales, Roves und Alpines und deren Kreuzungen, die mindestens 210 Tage draußen weiden, hergestellt werden. Der Gerinnungsprozess der Milch – der erste Schritt der Käseproduktion – muss in dieser Region schnell abgeschlossen sein: Die Produktion von Ziegenkäse mit Milchsäuregärung und dadurch bedingter langer Fermentierung ist nicht möglich, da in der sommerlichen Hitze die Milch vor der Gerinnung längst verdorben wäre. So greifen die Provence-Bauern zu Lab – und arbeiten schnell, bleiben ihnen doch nur zwei Stunden, um bei etwa 30 Grad Celsius die Absetzung der Molke durchzuführen. Um ein schnelles Abtropfen zu ermöglichen, haben die Formen für den Banon recht große Löcher.

Findig waren die Bauern auch bei der Frage, wie ihr Käse für den Winter haltbar gemacht werden könne. Ihre Lösung ist grandios: Sie tauchten ihn in Alkohol – und wickelten ihn in Kastanienblätter, deren Gerbstoffe den Käse konservierten. Fertig war die gehaltvolle Eiweißbombe! Sie gehört auf alle Fälle ins Reisegepäck, wenn man durch die Hügel, Täler und Schluchten der Haute-Provence wandert, reitet oder radelt – oder sich vielleicht auch einen Esel für Lasten mietet.

Lavendel und seine Spielarten

IM RAUSCH DES LILABLAU

Bis an den Horizont reichende Reihen von violetten Blüten, die Dörfer und Landschaften in einen betörenden Duft hüllen: Der Lavendel ist das Symbol der Provence. Und Anlass für viele Feste, wenn er zur Blütezeit geerntet wird.

Vielfalt des Lavendels aus dem Glas: Der Laden in Banon bietet würzigen Honig, Lavendelöl und -duft an.

Von der Drôme bis zur Vaucluse, von den Alpen der Haute-Provence bis zu den Hochplateaus von Valensole und Sault – der Lavendel verwandelt von Juni bis August das Land in einen Traum aus Lila. In der Antike bereits wurde er geschätzt, die Römer brachten die Nutzpflanze aus Persien in die Provence. Doch längst nicht alles, was in der Provence wie Lavendel blüht, ist auch Echter Lavendel.

ECHT BRAUCHT HÖHE

Echter Lavendel *(lavendula angustifolia)* wächst nur in Höhen ab 800 Meter – vor allem an den Südhängen der Hochebenen von Sault (s. Kapitel Orange und Drôme Provençale) und Albion, die 70 Prozent des Echten Lavendels liefern. In den *garrigues*, den Strauchheiden des Südens, wächst in Höhen bis 600 Meter der Speiklavendel *(lavendula latifolia)*. Diese deutlich größere Pflanze besitzt mehrere Blütenrispen und riecht stark nach Kampfer. Ebenfalls in den Tälern wird ein Hybrid aus Speiklavendel und Echtem Lavendel kultiviert: Lavandin. Seine büschelartig angeordneten Blüten liefern einen kräftigen Lavendelduft, der gerne in Lavendelsäckchen genutzt und Reinigungsmitteln als „Duftnote" beigefügt wird – für die Parfumherstellung ist sein Duft nicht geeignet!

GARANTIERTE QUALITÄT

Anders der Echte Lavendel, der einst auch „blaues Gold" genannt wurde. Sein feiner Duft begeistert seit Jahrhunderten die Parfumhersteller. Ihrer stimulierenden und entspannenden Wirkung wegen gehören seine ätherischen Öle zu den meistverwendeten Naturölen, sie helfen bei der Desinfizierung kleinerer Wunden, mindern den Reiz bei Insektenstichen – und erleichtern das Einschlafen.

Doch nur ein bestimmtes Öl erhält das AOC-Siegel (Appellation d'origine) vom staatlichen französischen L'Institut national de l'Origine et de la Qualitée, das Anbau, Verarbeitung und Qualität der AOC Lavande de Haute-Provence genau überwacht: Es stammt aus einer genau festgelegten Anbauregion – das sind 255 Dörfer in den Départements Alpes-de-Haute-

Eine beruhigende Wirkung geht allein schon vom Anblick und Duft der Lavendelfelder aus. So lädt das Plateau de Valensole geradezu zu einer Auszeit ein.

Erntezeit auf dem sommerlichen Plateau de Valensole.
Ganzjährig und sehr fein schmückt der Lavendel die Fayencen.

Fakten & Informationen

Lavendel in Zahlen
Lavendelanbau: 2000 Produzenten
Anbaufläche: 18 200 ha Lavandin (0–600 m ü. d. M.), 4400 ha Lavendel (800–1800 m ü. d. M.)
120 Destillierbetriebe, davon 30 mit Publikumsverkehr
Produktion von ätherischen Ölen: 1380 Tonnen Lavandin, 84 Tonnen Lavendel
(Quelle: AOC Lavande de Haute-Provence, apal.lavande-aop.fr, CIHEF Comité Interprofessionel des Huiles Essentielles Françaises, cihef.org)

Museum, Feste und mehr
Musée de la Lavande: 76, route de Gordes, 84220 Coustellet, museedelalavande.com, Feb.–Dez. ab 10.00 Uhr, Erw. 8 €
Ausstellung inkl. einer Sammlung von Destillierkesseln

Lavendelfeste (Auswahl):
u. a. in Ferrassières, 1. So. im Juli; Valensole, 3. So. im Juli; Barrême, letztes Juliwochenende; Thorame, Ende Juli; Sault, 15. August; Digne-les-Bains, Anfang und Ende August

Les Routes de la Lavande (sechs ausgeschilderte Routen): routes-lavande.com

Provence, Vaucluse und Drôme. Die Pflanzen dazu wurden aus Samen gezogen und wachsen auf mindestens 800 Meter Höhe. Das Öl wird durch Wasserdampf-Destillation gewonnen.

TAUSENDSASSA IM ALLTAG

Schier unbegrenzt ist der Einsatz von Lavendel bei Körperpflege und Kosmetik. Bodylotions, Seifen, Dusch- und Badegels, Haar- und Gesichtskosmetik werden in der Provence werbewirksam mit Lavendel versetzt. Als natürlicher Badezusatz ist Lavendel ebenso beliebt wie als Blütenwasser, das reizlindernd wirkt. Von der Wäschespülung bis zum Raumduft, von Lavendelkerzen bis zu Duftstäbchen reicht die Palette der Produkte. Für Potpourris, Trockensträuße und andere Lavendeldeko züchten die Landwirte, die sich in der Assocation des Producteurs Lavande Fleurs et Bouquets zusammengeschlossen haben, seit fast 50 Jahren einen Lavendel, der besonders feste Blütenkelche besitzt und seine intensiv blaue Farbe auch nach dem Trocknen behält.

LAVENDEL? LECKER!

Längst hat Lavendel auch die Küche erobert. Nicht nur Fleisch- und Fischgerichte, sondern auch Kuchen, Limonade, Tee und Honig werden gerne damit gewürzt. Doch Vorsicht: Wer aus Versehen mit Speiklavendel würzt, verleiht den Speisen eine seifenähnliche Note – nur die Blüten und Blätter des Echten Lavendels sind äußerst aromatisch. Echter Lavendel gehört wie Fenchel, Majoran, Lorbeer, Oregano und Salbei zu den „Kräutern der Provence“. Manches Restaurant wie die L’Hostellerie du Val de Sault (valdesault.com) in Sault serviert köstliche Lavendelmenüs!

LAVENDEL UND SPIRITUALITÄT

Lavendel soll auch spirituelle Eigenschaften besitzen. Esoterikanhänger sagen, Duft und Farbe der Pflanze unterstützten dabei, die Intuition weiterzuentwickeln und innerlich loslassen zu können. Lavendel bringe Klarheit.

Lavendel in der Provence – eine Entdeckungsreise für alle Sinne!

Für einen Liter echtes Lavendelöl werden 130 Kilogramm Rispen benötigt – doch typisch für Echten Lavendel ist nur eine Blütenrispe pro Stängel!

Maßstab 1:400.000
0 5 10km
1
2
3
4
5
Sisteron
Digne-les-Bains
Barcelonnette
Forcalquier
Manosque
Parc National du Mercantour
Montagne de Lure
Plateau de Valensole
Parc Naturel Régional du Luberon
Réserve Géologique de Haute Provence
Route Napoléon

FOSSILIEN, FELS UND FLÜSSE

Die Montagne de Lure kratzt an der Zweitausendergrenze, der Rocher de la Baume stellt sich quer, und Flüsse fräsen sich in den Kalk: In der Haute-Provence gesellt sich alpines Flair zum mediterranen Ambiente, geschützt im ältesten Geopark der Welt.

1 Sisteron

Das trutzige **Sisteron TOPZIEL** (7740 Einw.) an der Route Napoléon war schon immer das nördliche Einfallstor in die Provence – hier hat sich die Durance durch den Fels gebrochen und den Weg gen Süden geöffnet.

SEHENSWERT/MUSEUM
Hoch über der Stadt thront seit 1209 die **Zitadelle,** zu ihr fährt im Sommer ein Bähnchen hinauf (citadelledesisteron.fr, Mai, Juni, Sept. 9.00–19.00, Juli/Aug. bis 19.30 Uhr, sonst kürzer, Erw. 7,10 €). Ein ausgeschilderter Rundgang führt vorbei an Türmen, Bastionen und Befestigungen, die Vauban 1692 entworfen hatte, zur Chapelle du Château (15. Jh.) und zur Aussichtsplattform mit **Panoramablick** auf Altstadt, Durance und den Rocher de la Baume, den Fels gegenüber. Von der Stadtmauer sind **fünf Türme** mit vielsagenden Namen erhalten: die Porte de la Médisance etwa, das Tor der Lästerzungen, und die Porte Sauve, durch die die Hugenotten während der Religionskriege flohen. Seltsame Tiergestalten schmücken die Kapitelle der **Cathédrale Notre-Dame-des-Pommiers** (1160–1220), die zu den größten Gotteshäusern der Provence gehört. An der Kirche beginnt ein markierter Rundgang durch die **Altstadt Vieux Sisteron,** die sich von der Rue Droite bis zum Ufer der Durance erstreckt. Steile, oft überwölbte Gänge und Treppenwege – **„andrônes"** – hinab zum Fluss verbinden die kleinen Straßen. Abkühlung im Sommer bietet der Plan d'Eau, ein künstlicher See zwischen Altstadt und Durance.
Die Zeit: Wie hat sie unser Leben verändert? Antworten gibt das **Musée Terre et Temps „Édith-Robert"** (6, place du Général de Gaulle, Juli/Aug. 10.30–12.30, 14.30–18.30 Uhr, sonst kürzer).

Schwarzkiefern, aber auch Buchen, Weißtannen und alte Eichen prägen die Flanken der Montagne de Lure, die im Westen an die Region des Mont Ventoux grenzt.

Tipp

Schön sportlich die Montagne de Lure!

Die Montagne de Lure schwingt sich am Signal de Lure bis auf 1826 Meter empor. Das ganze Jahr begeistert sie Outdoor-Fans: mit der Challenge de Lure für Radfahrer (stationmontagnedelure.com/velo, s. Challenge), Alpinski in Saint-Étienne-les-Orgues, Langlauf, Schneeschuhwandern und Thermalbaden in Montbrun-les-Bains.

VERANSTALTUNG
Sommerliches Theater- und Ballettfestival **„Les Nuits de la Citadelle"** im Freilichttheater unterhalb der Zitadelle (nuitsdelacitadelle.fr).

UNTERKUNFT
Ein rustikales Idyll für eine Robinsonade ist **€€ Mas du Figuier** (7 km westl., La Fontaine, 04200 Bevons, Tel. 09 81 73 31 74, chambre-hote-gite-cabane-sisteron.com).

UMGEBUNG
Westlich der Stadt erstreckt sich von Ost nach West der Höhenzug der **Montagne de Lure.** Mit dem westlich anschließenden Mont Ventoux bildet sich eine Bergkette.

INFORMATION
Office de Tourisme,
1, place de la République, 04202 Sisteron,
Tel. 04 92 61 36 50, sisteron-buech.fr

2 Digne-les-Bains

Die Hauptstadt (17 400 Einw.) des Départements Alpes-de-Haute-Provence ist ein Thermalkurort und Zentrum des Lavendelanbaus.

SEHENSWERT
Flaniermeile des Kurbades ist der **Boulevard Gassendi** mit der Grande Fontaine. Südlich windet sich die Altstadt mit engen Straßen und Treppenwegen hinauf zur **Cathédrale Saint-Jérôme** (15. Jh.), mit dem Glockenturm ist sie höchster Punkt der Stadt. In der Kathedrale **Notre-Dame-du-Bourg** (14.–16. Jh.) beeindruckt die große freigelegte Krypta.

MUSEEN
Kunst und Wissenschaft will das **Musée Gassendi** verbinden: Provenzalische Landschaftsgemälde des 19. Jh.s treffen auf Kunst von Andy Goldsworthy (64, boulevard Gassendi, Tel. 04 92 31 45 29, musee-gassendi.org, Mitte Mai–Sept. tgl. 10.00–18.00, sonst 9.00–12.00, 13.30–17.30 Uhr, 6 €). Zu den größten Abenteurerinnen des 20. Jh.s gehört **Alexandra David-Néel.** Ihr Wohnhaus erinnert an die Tibet-Forscherin, es veranstaltet Anfang Oktober Tibet-Tage (27, avenue du Maréchal Juin, alexandra-david-neel.fr, Villa: Führungen stdl. April–Nov. 10.30–16.30, sonst ab 14.30 Uhr, 8 €).

ERLEBEN
Andy Goldsworthy hat das Werk **Refuge d'Art** gestaltet, ein begehbares Land-Art-Projekt von 150 km Länge im Geopark Haute-Provence (refugedart.fr, frei zugänglich). Viermal tgl. fährt der **Train des Pignes** („Pinienzapfenzug") in knapp 3,5 Std. von Digne nach Nizza (Fahrplan: tourisme.trainprovence.com; traindespignes.fr, Tickets: gecp.train-tickets.fr; Abfahrten in Puget-Théniers, Entrevaux, Annot und Le Fugeret, einfach 10/18 €, Hin- und Rückfahrt 23/29 €).

UMGEBUNG
Der **Géoparc de Haute-Provence** wurde als erster von weltweit 120 Geoparks eingerichtet (geoparchauteprovence.com). Eine mittelalterliche Festungsstadt ist **Entrevaux** (80 km östl.) mit Zitadelle hoch über der Stadt.

Tipp

Lebens-Zeiten

Ein Menschenleben, erzählt in der Flora eines Tuffsteinhügels: Der japanische Garten der Muséepromenade führt mit Brücke, Teich, Laternen und Pagoden durch die Lebensalter, ehe der Schmetterlingspfad mit tropischen Faltern die Erdepochen rückwärts reist, hin zum tropischen Alpenmeer, in dem vor 300 Millionen Jahren auch der Ichthyosaurus lebte, wie ihn das Museum zeigt.

10, montée Bernard Dellacasagrande, Digne-les-Bains, Tel. 04 92 36 70 70, geoparchauteprovence.com/le-musee-promenade, April–Nov. tgl.

INFORMATION
Office de Tourisme, place du Tampinet, 04000 Digne-les-Bains, Tel. 04 92 36 62 62, dignelesbains-tourisme.com

❸ Barcelonnette

Die Kleinstadt (2800 Einw.) im äußersten Osten der Hochprovence erinnert mit ihrem Namen an den Grafen von Barcelona und Provence, Raymond Bérenger V., der 1231 die Bastide „Barcelone" gründete. Barcelonnette ist das Tor im Herzen des Ubaye-Tals zum Nationalpark Mercantour.

Sigonce – ein von Hügelketten umgebenes Dorf (o.) bei Forcalquier. Oleanderpracht im historischen Ortskern von Lurs (u.).

SEHENSWERT
Barcelonnette ist schachbrettartig um die zentrale **Place Manuel** angelegt, die bunte Fassaden, Caféterrassen und – als letzter Rest des einstigen Dominikanerklosters – die **Tour Cardinalis** (15. Jh.) säumen. Bauern, die nach Mexiko ausgewandert und dort reich geworden waren, kehrten zurück in die Heimat und bauten ab 1880 hier prachtvolle Häuser. Zu den schönsten **Villas Mexicaines** gehören das Château de Magnans (1913) und die Villa Laugier (1892) in Jausiers. La Sapinière gewährt als **Musée de la Vallée** Einblicke in die damalige mexikanische Kultur (10, ave. de la Libération, museedelavallee.fr, Juli/Aug. tgl. ab 10.00, sonst Mo., Mi.–Sa. 14.30–18.00 Uhr, 5 €).

UMGEBUNG
31 km südöstlich wird mit dem **Col de la Bonette** (2715 m) einer der höchsten Straßenpässe der Alpen erreicht.

INFORMATION
Office de Tourisme, place Frédéric Mistral, 04400 Barcelonnette, barcelonnette.com

❹ Forcalquier

Zwischen Luberon, Lure-Bergen und der Durance liegt Forcalquier (5100 Einw.). Der Name erinnert an Kalköfen, die die Römer in die Felsen gebaut hatten.

SEHENSWERT
Bischof Gérard Chevrier erhob um 1060 die Pfarrkirche seines Heimatortes in den Rang einer Kathedrale – seitdem heißt **Notre-Dame-de-Bourguet** auch „Concathédrale", Zweitkathedrale. Der Einfluss der Gotik ist deutlich an Querhaus, Chor und Glockenturm. Die Orgel gehört zu den besten der Provence! Durch die **Porte des Cordeliers,** eines der Stadttore, geht es in die **Altstadt.** Überragt wird diese von der Kapelle **Notre-Dame-de-Provence** (auch Citadel), die um 1875 anstelle der gräflichen Burg auf dem Zitadellenhügel errichtet wurde. Sie besitzt eines der letzten manuellen Glockenspiele der Provence – angetrieben wird es mit Faustschlägen! Von der Terrasse öffnen sich weite Blicke.

UMGEBUNG
Häuser aus Feldsteinen bestimmen das Dorf **Sigonce** (8 km nördl.). Eng an den Berg schmiegt sich **Lurs** (376 Einw., 10 km östl.). Die „Promenade des Évêques" (Bischöfe) führt an 15 Betkapellen vorbei zur Kapelle Notre-Dame-de-Vie mit Aussichten auf das **Durance-Tal**, die Montagne de Lure und die **Abbaye de Notre-Dame-de-Ganagobie.** Das romanische Benediktinerkloster (18 km nordöstl.) besitzt Bodenmosaike (12. Jh.; abbaye-ganagobie.com, Kirche: Mai–Sept. 10.30–12.00, 14.30 bis 18.00 Uhr, sonst kürzer). Jenseits der Durance ist das **Plateau de Valensole** (20 km) zu erreichen. Von Lavendelfeldern ist **Banon** (25 km nördl.) umgeben. Im **Observatoire de Haute-Provence (OHP)** entdeckten Forscher eine extrasolare Familie, deren sieben Planeten einen sonnenähnlichen Stern umlaufen (12 km südl., Saint-Michel-l'Observatoire, obs-hp.fr, Mitte Juli/Aug. Di.–Do. ab 14.15 Uhr, sonstige Zeiten s. Website, Tickets: Office de Tourisme, 5,50 €). Das **Centre Astro** daneben stellt Sternenhimmel und All vor (centre-astro.com, 16 €).

INFORMATION
Office de Tourisme Intercommunal Forcalquier-Lure, 13, place du Bourguet, 04300 Forcalquier, Tel. 04 92 75 10 02, haute-provence-tourisme.com

❺ Manosque

Die Heimatstadt (21 672 Einw.) von Jean Giono am rechten Ufer der Durance versteckt hinter dem modernen Gürtel aus Gewerbe und Industrie eine charmante Altstadt.

SEHENSWERT
Den Verlauf der Stadtmauer zeichnen die Boulevards um die birnenförmige **Altstadt** nach. Einlass gewährten einst vier Stadttore; erhalten sind die romanische **Porte Saunerie** im Süden, die **Porte du Soubeyran** im Norden und die **Porte Guilhempierre** im Westen. An der romanischen Kirche **Notre-Dame-de-Romigier** fand im 9. Jh. ein Ochse eine schwarze Madonna, die in einem Sarkophag vor den Sarazenen versteckt worden war. Heute ist hier eine Kopie der Figur. Weiter südlich erhebt sich an der Flanierstraße Rue Grande die Kirche **Saint-Sauveur** (1179–1372) mit eisernem Glockenstuhl. Am Südhang des Mont d'Or erwarb **Jean Giono** 1929 ein Wohnhaus, das er erweiterte. Wie er in **Le Paraïs** lebte und arbeitete, verraten Führungen (Impasse du Paraïs, Montée des Vraies Richesses, Voranmeldung: rencontresgiono.fr, Fr. 14.30, 15.30 Uhr, Juni bis Sept. auch Di., frei). Zum **Centre Jean Giono** gehört als zweite Stätte das Hôtel Raffin, das das Andenken an den Schriftsteller u. a. mit den „Rencontres Jean Giono" (Aug.) lebendig hält (3, boulevard Élémir Bourges, centrejeangiono.com, Di.–Sa. 10.00–12.30,14.00–18.00 Uhr, Wohnhaus u. Museum: 12 €, nur Museum: 6 €).

INFORMATION
Place de l'Hôtel de Ville,
04100 Manosque, Tel. 04 92 72 16 00,
tourisme-manosque.fr

Tipp

Provence für die Haut

Kleine Produzenten liefern die Rohstoffe, aus denen L'Occitane seine weltberühmte Naturkosmetik komponiert. 200 Inhaltsstoffe, meist bio und immer aus kontrollierter Herkunft, lassen mit ihren Düften die Provence lebendig werden. Besuchen Sie am Stammsitz das Museum, machen Sie eine Betriebsführung und freuen Sie sich im Factory Outlet auf Schnäppchen!

Zone industrielle Saint-Maurice, Chemin Saint-Maurice, Manosque, loccitane.fr, Fabrikbesichtigung: Mo. bis Fr., Juli/Aug. tgl.; nur nach Voranmeldung, Tel. 04 92 70 32 08

JA NATÜR LICH

WILDE BADEPLÄTZE IN DER NATUR

Kaskaden vor tropischer Kulisse, versteckte Strände an Seen, verträumte Badebecken in tiefen Schluchten und türkisblaues Badewasser im Gebirgsbach: In der Haute-Provence hat das Wasser wunderschöne wilde Naturpools in den Fels gefräst – perfekt für einen Sprung ins erfrischende Nass!

Am Fuß des Massif des Monges hat der Bès rund 16 km nördlich von Digne-les-Bains ein solches Badeparadies geschaffen: die Clues de Barles. Rauschend sprudelt der Wildbach über den grauen Fels in diese malerische Klamm, die nach gewaltigen Erdbewegungen vor rund 30 Millionen Jahren entstand. Dann springt er über Kaskaden in stille Naturpools, die karibisch-blau leuchten, stürzt sich über den Saut-de-la-Pie-Wasserfall noch tiefer hinab und bildet zahlreiche Wildwasser-Jacuzzis: lauter kühle Kleinode, um sich im Sommer zu erfrischen!

Das glasklare Wasser der Flüsse in der Provence verlockt zum Bad.

Einsamer ist die Schlucht von Bouinenc ebenfalls nördlich von Digne-les-Bains Richtung Draix. Wo sich Kanuten nach der Schneeschmelze über Wildwasser freuen, locken im Sommer besondere Gumpen: Dort können Sie beim Planschen Fossilien von Tieren, die einst den prähistorische Ozean bevölkerten, entdecken!

Tipp Nummer 3 – die Gorges de la Méouge. Mitten in einem Natura-2000-Gebiet, das unterschiedliche Flora vereint, stürzt sich die Méouge als türkisfarbenes Band in Kaskaden herab, bildet Strudel, Wasserlöcher und Wasserbetten, in denen man herrlich entspannen kann.

Wild Swimming France: Daniel Start, Wild Swimming France, Wild Things Publishing Ltd 2012, ISBN: 978-0957157309, wildswimming.co.uk. Drei Jahre lang hat der Fotograf und Buchautor Daniel Start die Wildbadeplätze Frankreichs in 13 Regionen erkundet.
Baignade Sauvage: Sehr informatives Portal, das auf Französisch auch die schönsten Plätze zum Wildbaden in Südfrankreich vorstellt, übersichtlich gegliedert nach Regionen (baignadesauvage.fr).

Machen gleich gute Laune – Sonnenblumengelb in der Drôme, feine Calissons in Aix, freundlicher Service in Avignons Markthalle

HILFREICH & NÜTZLICH

Keine Reise ohne Planung. Auf den folgenden Seiten haben wir für Sie wichtige Informationen für Ihren Urlaub in der Provence zusammengefasst.

Anreise

Mit dem Flugzeug: Der Flughafen Marseille-Provence (marseille.aeroport.fr) ist mit ca. 10,1 Mio. Passagieren pro Jahr drittgrößter des Landes (ohne Paris). Direktflüge bieten Lufthansa ab Frankfurt sowie Air Dolomite und Lufthansa ab München. Mit einem Zwischenstopp fliegt Lufthansa ab Berlin, Düsseldorf und Wien nach Marseille. Air France jettet von Basel, Berlin, Düsseldorf, Hamburg, Frankfurt, München und Zürich via Paris nach Marseille. Easyjet fliegt Marseille via London-Gatwick an, Ryanair fliegt von Berlin direkt nach Marseille.
Mit dem Auto: Sprintstrecke in den Süden ist ab Lyon die im Sommer chronisch überlastete Route du Soleil (A 7) durch das Rhônetal.
Mit der Bahn: Der LGV Rhin-Rhône verbindet einmal täglich Frankfurt und Karlsruhe via Straßburg und Lyon mit Avignon, Aix-en-Provence und Marseille in 8 Stunden.
Mit dem Fernbus: In die Provence starten ab Deutschland Eurolines (eurolines.de) und Flixbus (flixbus.de).

Auskunft

ATOUT France
für Deutschland, Österreich und die Schweiz: www.france.fr/de
in Frankreich: PACA Tourisme: provence-alpes-cotedazur.com

In den Départements
L'ADT 04 Alpes-du-Haute-Provence: tourisme-alpes-haute-provence.com; Bouches-du-Rhône Tourisme: myprovence.fr; Vaucluse Provence Attractivité: provenceguide.com

Autofahren

Die Höchstgeschwindigkeit beträgt auf Autobahnen 130 km/h (bei Regen 110 km/h), auf Schnellstraßen 110 km/h, auf Landstraßen mit befestigtem Mittelstreifen 90 km/h, außerorts 80 km/h, innerorts 50 km/h. Die Autobahnen in Frankreich verlangen Maut *(péage)*. Es besteht Anschnallpflicht, die Promillegrenze liegt bei 0,5. Für jeden Passagier muss im Fahrzeug eine Warnweste vorhanden sein, die bei Unfall oder Panne beim Verlassen des Fahrzeugs zu tragen ist. Telefonieren am Steuer ist nur mit Fernsprecheinrichtung erlaubt.
Wohnmobil: Die Provence hat sich auf den Ansturm der *camping-caristes* (Wohnmobilisten) gut eingestellt und hält an fast jedem touristisch interessanten Ort ausgewiesene Stellplätze bereit (france-passion.com).

Camping

In der Region Provence-Alpes-Côte d'Azur gibt es 746 Campingplätze, die mit einem bis fünf Sternen klassifiziert sind. Bei den *Campings municipaux* handelt es sich um öffentliche, meist eher einfache Anlagen. Wildes Campen ist nur mit Genehmigung des Eigentümers vor Ort gestattet.

Essen und Trinken

Allgemein: Bekanntestes Fischgericht ist die Bouillabaisse aus Marseille. In die Fischsuppe gehören neben Felsenfischen und Fenchel (und für viele ein guter Schuss Pastis) v. a. Muscheln, Garnelen und Edelfische. Beim Fleisch greifen Provenzalen gerne zu Lamm *(agneau)*, aber auch Kalbfleisch und Geflügel werden oft verarbeitet. Rindfleisch kommt meist als Ragout auf den Tisch.
Für Süßmäuler: Der weiche, weiße Nougat ist die Spezialität Montélimars. Zu den süßen Botschaftern aus der Provence gehören auch die Calissons aus Aix-en-Provence. Navettes, Schiffchen, heißen jene aus Marseille.
Getränke: Seit der Antike ist die Provence bekannt für ihren ausgezeichneten Wein – besonders den Rosé. Nur 4200 ha groß ist die ca. 50 km südöstlich von Avignon gelegene AOC-Region Luberon, wo rote Tropfen dominieren. Frankreichs zweitgrößtes Weinbaugebiet sind die Côtes-du-Rhône mit 44 000 ha allein im Süden des Rhônetals. In der Provence liegt auch die Wiege des Pastis (Anisschnaps).

Feste und Feiertage

Staatliche Feiertage in der Provence sind
1. Januar (Neujahrstag/*Jour de l'an)*
11. März (Gedenktag für die Opfer des Terrorismus/*Journée nationale en hommage aux victimes du terrorisme*, seit 2020)
Ostermontag/*Lundi de Pâques*
1. Mai (Tag der Arbeit/*Fête du travail)*
8. Mai (Tag des Waffenstillstandes 1945/*Fête de la Victoire 1945)*
Christi Himmelfahrt/*Ascension*
Pfingsten/*Pentecôte* (So. und Mo.)
14. Juli (Nationalfeiertag/*Fête nationale)*
15. August (Mariä Himmelfahrt/*Assomption)*
1. November (Allerheiligen/*Toussaint)*
11. November (Tag des Waffenstillstandes 1918/*Armistice)*
25. Dezember (1. Weihnachtsfeiertag/*Noël)*

Eine mächtige Stadtmauer umgibt vollständig die Altstadt von Aigues-Mortes in der Camargue.

Gesundheit

Die Europäische Krankenversicherungskarte wird anerkannt. Aber Kosten müssen bei Ärzten vor Ort beglichen werden – sie werden in Deutschland erstattet. Die Notfallbehandlung im Krankenhaus *(hôpital)* ist kostenfrei.

Hotels

Preiskategorien

€€€€	Doppelzimmer	über 250 €
€€€	Doppelzimmer	170–250 €
€€	Doppelzimmer	115–170 €
€	Doppelzimmer	65–115 €

Empfehlungen und Adressen siehe die Infoseiten der vorangegangenen Kapitel.

Literatur

Schöne Einstimmungen auf die Provence sind Klassiker wie **Marcel Pagnols** „Eine Kindheit in der Provence" (Piper) oder **Peter Mayles** „Mein Jahr in der Provence" (Knaur). **Jean Gionos** „Der Mann, der Bäume pflanzte" widmet sich einem Außenseiter. Beliebt sind Regionalkrimis: **Xavier-Marie Bonnot** lässt seinen Kommissar Michel de Palma, auch „Baron" genannt, in Marseille ermitteln. „Die Melodie der Geister" ist eine spannende Story um geklaute Köpfe und Niedertracht im Kunsthandel und „Im Sumpf der Camargue" wandelt de Palma auf den tödlichen Spuren eines provenzalischen Mythos (beide: Unionsverlag). „Mistralmorde" nennt **Ignaz Hold** seinen Provencekrimi, in dem der Pariser Kommissar Jean-Luc Papperin einen Doppelmord im malerischen Cabanosque aufklären soll. Für Hochspannung sorgt auch **Andreas Heineke,** der in seiner Schreibstube in Lourmarin zum Auftakt der Pascal-Chevalier-Krimireihe mit „Tod à la Provence" einen fulminaten Trüffel-Krimi verfasst hat. Auch die weiteren Bände der Reihe fesseln mit raffinierten Intrigen, Morden und anderen Verbrechen.

Notruf

Europäische Notfallnummer: 112
Notarzt und Rettungswagen (SAMU): 15
Polizei: 17, **Feuerwehr:** 18
Seenotrettung: 1616
Zentraler Sperrnotruf (Bank- und Kreditkarten, Mobilfunk-Karten): +49 116 116

Reisezeit und Klima

Die Provence gehört mit mehr als 3000 Sonnenstunden zu den wärmsten und sonnigsten Regionen Frankreichs. Das milde mediterrane Klima macht sie zum Ganzjahresreiseziel. Im Frühjahr überziehen Blüten die Obst- und Mandelbäume, im Juli/Aug. leuchten Lavendelfelder in der Hitze, im Herbst inszeniert das Laub ein Feuerwerk der Farben bei angenehmen Temperaturen und gelegentlichen Schauern. Doch an 100 Tagen – v. a. im Frühjahr – putzt ein kalter Nordwind den Himmel blank: der Mistral. Mit bis zu 320 km/h (15.04.2001) fegt er über den Mont Ventoux und saust als eisiger Windstrom im Rhônetal Richtung Meer.

Restaurants

Empfehlungen und Adressen siehe die Infoseiten der vorangegangenen Kapitel.

Preiskategorien

€€€€	Menü	über 70 €
€€€	Menü	45–70 €
€€	Menü	30–45 €
€	Menü	unter 30 €

Shopping/Souvenirs

Die kulinarischen Spezialitäten der Provence sind Olivenöl, Roséwein, Kräuter, Ziegenkäse, Calissons und Navettes sowie Nougat. Zu den typischen handwerklichen Erzeugnissen gehören handgefertigte Krippenfiguren *(santons)*, Korbwaren und bunte Keramik.

Sport

Fliegen: Segelflieger können in Sisteron und Château-Arnoux abheben.
Klettern/Hochseilgärten: Voralpine Hügelketten, hochalpine Grate, Kalk und Granit, Schluchten, Klettergärten und Via Ferrata: Die Provence lässt mit großen Klettergebieten wie Orpierre oder Buoux die Herzen von Kraxlern höherschlagen. Ventavon, Venasque und Châteauneuf-de-Chabre sind gute Ausweichziele, beliebt sind auch die Dentelles de Montmirail. Kletterfreuden für die gesamte Familie garantieren u. a. Parc Aventure (provenceaventure.com) und Ventoux Aventure – Accrobranche (ventouxaventure.com).
Radfahren: Eine gute Infrastruktur und gut ausgebaute, markierte Routen sowie *voies vertes,* verkehrsfreie Fahrradwege, machen die Provence zu einem Eldorado für Radfahrer. Mitten durch die Region (von Montélimar bis Aigues-Mortes) zieht sich ein Teil der ViaRhôna (viarhona.com, gesamt 815 km), eine der längsten Fernradrouten Frankreichs. Der Mont Ventoux ist legendärer Berg bei Rennradlern.
Reiten: Ponyreiten, Westernreiten, Ausritte am Strand oder auf Saumpfaden in den Bergen gehören zum Angebot wie Reitunterricht. Infos

Info

Daten & Fakten

Geografische Lage: Seealpen, Mittelmeer und Rhône bilden die natürlichen geografischen Grenzen der Provence, die von Nordost nach Südwest von eisglitzernden Dreitausendern wie der Aiguille de Chambeyron (3412 m) über die kargen Ebenen der Haute-Provence und die Hügel des Luberon abfällt in die handtuchflache Ebene der Crau und die amphibischen Weiten der Camargue.
Politische Gliederung: Die Provence umfasst die Départements Bouches-du-Rhône, Vaucluse, Var, Alpes-de-Haute-Provence und gehört mit Alpes-Maritimes und Hautes-Alpes zur Großregion Provence-Alpes-Côte d'Azur (PACA), seit 2018 Région Sud.
Bevölkerung: Rund fünf Mio. Menschen leben in der Région Sud, knapp vier Mio. davon in der Provence. Größtes Ballungszentrum ist Marseille (Großraum 1,2 Mio.).
Wirtschaft: Wichtigster Wirtschaftszweig ist neben dem Tourismus – jährlich reisen etwa acht Mio. Gäste in die Provence – der Anbau von Oliven, Wein, Lavendel sowie Obst und Gemüse.

In voller Ausrüstung in der Montagne Sainte-Victoire oder auf dem Surfbrett an der Côte Bleue – so lässt sich die Provence aktiv kennenlernen!

erteilen die Tourismusämter und der reg. Reiterverband auf region-sud-equitation.com.
Tauchen: An der Côte Bleue bei Marseille beginnt das blaue Band hervorragender Tauchspots, das sich östl. bis nach Menton zieht. Für Anfänger veranstalten *Stations de plongée* Einsteigerkurse nach PADI-Standard.
Wandern: Die Provence besitzt die GR 2013 (s. Unsere Favoriten – „Wanderungen"). Die GR 6 verbindet den Südwesten via Oppedette mit den französischen Alpen, und sieben Grandes Randonnées machen den Luberon zu einem Wandergebiet par excellence. Fernwanderrouten siehe paca.ffrandonnee.fr.
Aufgrund der extrem hohen Waldbrandgefahr gelten von 1. Juni bis 30. Sept. Zugangsbeschränkungen in den Bergmassiven der Provence. Sie sind nach Farben eingestuft. Grün: Wandern rund um die Uhr gestattet, Gelb: Wandern tagsüber gestattet, Orange: Wandern eingeschränkt. Rot: absolutes Wander- und Zutrittsverbot. In allen Wandergebieten gilt im Sommer ein absolutes Rauch- und Feuerverbot (bouches-du-rhone.gouv.fr/Actions-de-l-Etat/Agriculture-foret-et-developpement-rural, Link „Forêt"/„Accés …"). Geführte Wanderreisen, meist ohne Gepäck, bieten u. a. Wikinger-Reisen (wikinger-reisen.de), France Naturelle (france-naturelle.de) und Kleins Wanderreisen GmbH, Dillensburg (kleins-wanderreisen.de).
Wassersport: Marseille, Martigues und die Côte Bleue, die Calanques und die Camarguekiiste von Les Saintes-Maries-de-la-Mer begeistern Segler und Wasserskifahrer ebenso wie Wind- und Kitesurfer. Unter Kanuten ein beliebtes Wildwasserrevier ist der Verdon.

Info

Geschichte

20 000 v. Chr.: Jäger und Sammler siedeln in den Höhlen der Küste.
6000 v. Chr.: Erste neolithische Bauerndörfer: Das älteste Dorf Frankreichs wird in Courthezon im Rhônetal zwischen Orange und Avignon freigelegt.
um 620 v. Chr.: Gründung von Massilia (Marseille) im Zuge der griechischen Kolonisation.
ab 121 v. Chr.: Südfrankreichs Mittelmeerküste wird die Provinz Gallia Narbonensis.
um 471: Nach fast 600 Jahren unter Rom erobern erst die Westgoten, dann die Ostgoten und schließlich die Franken die Provence.
934: Die Provence gehört zum vereinigten Königreich Burgund, 1032 fällt sie ans Heilige Römische Reich, ohne jedoch jemals gänzlich integriert zu werden.
1309–1377: Von Clemens VI. zum Papst gekürt, wählt Bertrand de Got Avignon als Residenz. Bis 1377 lösen sich sieben römische Päpste dort auf dem heiligen Stuhl ab, hinzu kommen zwei Gegenpäpste.
16. Jh.: Religionskriege in der Provence. Im Luberon und im Tal der Durance bilden sich protestantische Gemeinden. 1545 werden im Luberon Tausende Waldenser ermordet. 1593 wird Französisch Amtssprache.
1790: Es werden Départements geschaffen.
1904: Literaturnobelpreis an Frédéric Mistral für das Versepos „Mireilles" (in Provenzal.).
1942: Die deutsche Wehrmacht und SS besetzen Vichy-Frankreich und damit auch die Provence.
1983: Gründung der Région Provence-Alpes-Côte d'Azur (PACA), Marseille ist Hauptstadt.
1995–2030: Mit dem Projekt „Euroméditerranée" gestaltet Marseille seine Zukunft.
2001: Einweihung der LGV (Ligne à grande vitesse) Méditerranée; die Fahrzeit Marseille – Paris verkürzt sich auf drei Stunden.
2006: Eröffnung von Frankreichs größtem Low-Cost-Terminal (MP2) in Marseille.
2012: Die Calanques zwischen Marseille und La Ciotat werden zum Nationalpark.
2013: Marseille ist Kulturhauptstadt Europas.
2020: Einweihung von LUMA Arles.
2024: Marseille wird Austragungsort der Olympischen Spiele (Segeln).
2025: Cézanne-Jahr in der Provence.

Info

Wetter Marseille

	Tages-Temp. max.	Tages-Temp. min.	Tage mit Niederschlag	Sonnenstunden pro Tag
Januar	10°	2°	7	4
Februar	11°	2°	7	5
März	14°	5°	6	6
April	17°	8°	5	8
Mai	20°	10°	6	10
Juni	25°	14°	4	10
Juli	29°	17°	2	12
August	29°	17°	3	10
September	28°	18°	4	8
Oktober	23°	10°	5	6
November	15°	5°	4	5
Dezember	10°	4°	5	4

Gemütlicher sind Paddeltouren auf der Sorgue oder auf großen Seen wie dem Lac de Sainte-Croix (s. Kapitel Aix-en-Provence).
Wintersport: 720 km Piste in neun Orten, oft schneesicher in mehr als 3000 m Höhe gelegen: Würden Sie dies in der Provence erwarten? In der Region Alpes-de-Haute-Provence sind in Le Sauze oder Super-Sauze nahe Barcelonnette und auch in der Montagne de Lure die Franzosen noch fast unter sich.
Langlauf ist unter anderem möglich im Val d'Allos und am Col du Fanget (bei Auzet) nördlich von Digne-les-Bains.

Telefon

In der EU dürfen keine Roaminggebühren erhoben werden. Daher gilt der Inlandstarif für Deutsche und Österreicher.
Vorwahlen
nach Deutschland: 00 49, in die Schweiz: 00 41, nach Österreich: 00 43, nach Frankreich: 00 33.

Wellness

Die Heilkraft des Meeres können Sie bei einer Thalassotherapie in Les Saintes-Maries-de-la-Mer (thalacap.fr) und Aix-en-Provence (thermes-sextius.com) entdecken. Wo sonst noch Algen und Aquagymnastik gegen Alltagsstress und Aufregung helfen, verrät das Portal pacaloisirs.com. Die Thermalkurorte Digne-les-Bains (thermesdignelesbains.com) und Gréoux-les-Bains (chainethermale.fr/greoux-les-bains.html) ergänzen das Kurangebot.

REGISTER

Fette Ziffern verweisen auf Abbildungen

Impressum

4. Auflage 2023

Verlag: DuMont Reiseverlag, Postfach 3151, 73751 Ostfildern, Tel. 0711/4502-0, www.dumontreise.de
Geschäftsführer(in): Dr. Stephanie Mair-Huydts, Markus Schneider
Programmleitung: Andrea Wurth
Redaktion: Christiane Wagner
Text: Hilke Maunder (www.meinfrankreich.com)
Exklusiv-Fotografie: Elan Fleisher
Titelbild: lookphotos/ClickAlps
Zusätzliches Bildmaterial: S. 3 o., 23 o. li., 39 re., 53 li., 115 re., 120, 121 o. li., u. re. H. Maunder; 28 u. re. picture alliance/Nedra westwater/robertharding; 39 li. picture alliance/Jean Bernard/Leemage; 43 o. li. laif/Burg + Schuh/Palladium; 53 u. laif/hemis/B. Gardel; 60 u. re. Huber Images/S. Raccanello; 61 o. Huber Images/T. Mannakee; 67 li. mauritius/José Nicolas; 67 re. picture alliance/Abaca Holubowicz; 70 o. Huber Images/Ferruccio Carassale; 72 u. li. laif/Anthony MICALLEF/HAYTHAM-REA; 72 u. mauritius images/Chromorange/Alexander Bernhard; 78 li. H. Maunder; 83 Mitte u. re. mauritius/Richard Becker/Alamy; 97 Brasserie La Vieille Mule; 115 re. Shutterstock; 121 o. re. picture alliance/BSIP
Textquellen: S. 56 UNESCO – Deklaration zur kulturellen Vielfalt, Art. 1, 2002; S. 74 rowohlt digitalbuch; S. 121 Kurt Tucholsky aka Peter Panter, Die Weltbühne, 27.10.1925, Nr. 43, S. 644
Grafische Konzeption, Art Direktion: fpm factor product münchen
Layout und Covergestaltung: CYCLUS · Visuelle Kommunikation, Stuttgart
Kartografie: © MAIRDUMONT GmbH & Co. KG, Ostfildern
Kartografie Lawall (Karten für „Unsere Favoriten")

DuMont Bildarchiv: Marco-Polo-Straße 1, 73760 Ostfildern, Tel. 0711/4502-0, bildarchiv@mairdumont.com

Anzeigenvermarktung: MAIRDUMONT MEDIA, Tel. 0711/4502-0, media@mairdumont.com, http://media.mairdumont.com
Vertrieb Zeitschriftenhandel: PARTNER Medienservices GmbH, Postfach 810420, 70521 Stuttgart, Tel. 0711/7252-212
Vertrieb Abonnement: Leserservice DuMont Bildatlas, Zenit Pressevertrieb GmbH, Postfach 810640, 70523 Stuttgart, Tel. 0711/7252-265, dumontreise@zenit-presse.de
Vertrieb Buchhandel und Einzelhefte: MAIRDUMONT GmbH & Co KG, Marco-Polo-Straße 1, 73760 Ostfildern, Tel. 0711/4502-0
Reproduktionen: PPP Pre Print Partner GmbH & Co. KG, Köln

Printed in Germany

FSC
www.fsc.org
MIX
Papier aus verantwortungsvollen Quellen
FSC® C155291

Urlaub erinnern ...

Der Besuch eines Marktes oder eines Festivals in Avignon hinterlässt schöne Erinnerungen. Und zu Hause sorgen Mitbringsel wie Kräuter, Roséwein oder die echte Marseiller Seife für ein erneutes Glücksgefühl.

KRÄUTER DER PROVENCE

Augen schließen, einatmen. Rosmarin! Thymian! Lavendel! Oregano, Majoran, Bohnenkraut, Fenchel, Kerbel und durchaus auch Wacholder. „Les Herbes de Provence“ wecken daheim sofort Urlaubsstimmung im Kochtopf. Besonders, wenn sie selbst gesammelt wurden!

LUST AUF MARKT

Schön ist es eh: Schnuppern Sie an frischem Gemüse oder reifen Früchten, an würzigem Käse oder herzhaften Kräutern, probieren Sie ... und nehmen Sie diese Lust an frischen, lokalen Produkten mit nach Hause. Slow shopping statt Supermarkthetze: So wird der Urlaub nachhaltig!

PROVENCE-QUILT

Jahrelang lag sie auf meinem Bett. Doch erst bei Nadine Hanin Rogeret in Pernes sah ich ihre aufwendige Herstellungsweise. Meine Tagesdecke war über und über mit Boutis-Stickerei geschmückt. Bei dieser Nähtechnik wird ein doppellagiger Stoff so bestickt, sodass sich das Muster als Relief abhebt. Quilt à la Provence ...!

LEBENSGEFÜHL IN ROSÉ

Er ist der älteste der französischen Weine und bis heute Star unter den Tropfen, die zwischen dem Mittelmeer und den Ausläufern der Alpen angebaut werden: der Rosé. Von Zartrosa bis leuchtend Pink fängt er das Lebensgefühl der Provence im Glas ein. Santé!

PROVENCE AUFS BROT

Günstig sind die kleinen Tiegel von „aix et terra“ nicht. Doch was drinsteckt, lässt träumen: Zwiebelconfit mit salziger Karamellbutter, Feigenconfit mit Basilikumessig, Knoblauch-Dip mit Trüffel. Und eine göttlich zu nennende Parmesancreme mit Menton-Zitrone, die Küchenchef Julien Allano noch während seiner Zeit als Sternchef des Clair de Plume in Grignan für die kleine, feine Manufaktur kreiert hat.

TRÜFFELTHRILLER

Mafiöse Machenschaften im Trüffelhandel, korrupte Politiker, Immobilienspekulation und die Probleme der Sternegastronomie. Daraus spinnt der Hamburger Autor Andreas Heineke mit Pastis und Lourmarin, Lavendel und Eros in „Versuchung à la Provence" eine Story, die über 224 Seiten fesselt. Hochspannung bis zur letzten Seite!

SAUBERE SACHE

Sie ist die weltweit einzige Seife mit Reinheitsgebot: die echte Savon de Marseille. 1688 bestimmte Sonnenkönig Ludwig XIV.: Sie muss zu mindestens 72 Prozent aus Olivenöl bestehen und darf nur natürliche Farb- und Zusatzstoffe enthalten. Das macht sie 100 % vegan – und zur Sauberfee für jede Haut!

SOMMER IM NOVEMBER

»Es ist Sommer. Mitten im November ist Sommer! Man kann also um den Herbst herumkommen. Das ist keine ›Entdeckung‹. Was könnte man denn auch heute noch auf der weiten Welt entdecken? Aber so scharf habe ich noch nie gewusst, dass man sich warme Jahreszeiten kaufen kann.« (Kurt Tucholsky aka Peter Panter, Die Weltbühne, 1925)

»DIE FRAUEN VON ARLES HABEN NOCH IMMER DIE FEIERLICHE RÖMISCHE SCHÖNHEIT«, ...

... meinte Hugo von Hofmannsthal 1892.

THEATERLUST

Ganze vier Wochen lang verwandelt sich die gesamte Altstadt von Avignon in eine riesige Freilichtbühne, lebt die Lust am Schauspiel – beim „In"-Festival mit erstklassigen Aufführungen unter jährlich wechselndem Motto ... und beim alternativen „Off"-Festival mit Ensembles, die aus Europa und Übersee anreisen und die hier auch ganz Neues wagen. Straßentheater, absurd, frech und manchmal provokativ, schräge Happenings, lustige Clownerien oder Shows, die eine Person allein bietet – für alles ist hier Platz.

KLIPPENGLÜCK

Bei Novemberblues helfen mir Fotos. Bilder, die sofort die Seele erhellen. Aufgenommen an Glücksorten. Wie zum Beispiel die Calanques, das Reich der Fjorde zwischen Marseille und Cassis. Verträumte Badebuchten, gerahmt von hellen Klippen. Und welch ein Blick aufs blaue Meer!

HAMBURG

Alles anders, alles neu?
Hamburg erfindet sich neu: Dank Elbphilharmonie und HafenCity strömen mehr Touristen in die Stadt als je zuvor.

Shoppingtipps
Wo kauft die Hanseatin, der Hanseat? Die besten Adressen ...

Sprung über die Elbe
Ausflugstipps fürs Alte Land, in die Lüneburger Heide, nach Bergedorf oder Ahrensburg.

VENEDIG VENETIEN

Stadt der Wunder
Venedigs farbenfrohe Plätze sind grandios, doch ebenso reizvoll ist es sich im Labyrinth der Kanäle zu verlieren.

Spiel der Masken
So traditionell der Karneval in Venedig auch wirkt – er ist es nicht ... .

Übernachten im Palast?
Wir halten ausgefallene Adressen zum Übernachten für Sie bereit.

LIEFERBARE AUSGABEN

DEUTSCHLAND
207 Allgäu
216 Altmühltal
220 Bayerischer Wald
180 Berlin
162 Bodensee
217 Brandenburg
175 Chiemgau, Berchtesg. Land
237 Dresden, Sächsische Schweiz
152 Eifel, Aachen
157 Elbe und Weser, Bremen
168 Franken
020 Frankfurt, Rhein-Main
112 Freiburg, Basel, Colmar
231 Hamburg
026 Hannover zw. Harz und Heide
042 Harz
023 Leipzig, Halle, Magdeburg
210 Lüneburger Heide
188 Mecklenburgische Seen
038 Mecklenburg-Vorpommern
033 Mosel
190 München
047 Münsterland
223 Nordseeküste Schleswig-Holstein
006 Oberbayern
161 Odenwald, Heidelberg
035 Osnabrücker Land
002 Ostfriesland
164 Ostseeküste Mecklenburg-Vorpommern
154 Ostseeküste Schleswig-Holstein
201 Pfalz
040 Rhein zw. Köln und Mainz
185 Rhön
186 Rügen, Usedom, Hiddensee
206 Ruhrgebiet
149 Saarland
182 Sachsen
159 Schwarzwald Norden
045 Schwarzwald Süden
018 Spreewald, Lausitz
008 Stuttgart, Schwäbische Alb
141 Sylt, Amrum, Föhr
204 Teutoburger Wald
170 Thüringen
037 Weserbergland

BENELUX
156 Amsterdam
011 Flandern, Brüssel
179 Niederlande

FRANKREICH
177 Bretagne
021 Côte d'Azur
032 Elsass
228 Frankreich Südwesten Okzitanien
019 Korsika
213 Normandie
235 Paris
198 Provence

GROSSBRITANNIEN/IRLAND
187 Irland
202 London
189 Schottland
227 Südengland

ITALIEN/MALTA/ KROATIEN
181 Apulien, Kalabrien
211 Gardasee
222 Golf von Neapel, Kampanien
163 Istrien, Kvarner Bucht
215 Italien, Norden
233 Kroatische Adria
167 Malta
155 Oberitalienische Seen
158 Piemont, Turin
014 Rom
165 Sardinien
003 Sizilien
203 Südtirol
039 Toskana
232 Venedig, Venetien

GRIECHENLAND/ ZYPERN/TÜRKEI
034 Istanbul
016 Kreta
176 Türkische Südküste, Antalya
229 Zypern

MITTEL- UND OSTEUROPA
236 Baltikum
208 Danzig, Ostsee, Masuren
169 Krakau, Breslau, Polen Süden
044 Prag
193 St. Petersburg

ÖSTERREICH/ SCHWEIZ
192 Kärnten
004 Salzburger Land
196 Schweiz
226 Tirol
197 Wien

SPANIEN/PORTUGAL
043 Algarve
214 Andalusien
150 Barcelona
025 Gran Canaria, Fuerteventura, Lanzarote
172 Kanarische Inseln
199 Lissabon
209 Madeira
174 Mallorca
225 Porto, Portugal Norden
007 Spanien Norden
219 Teneriffa, La Palma, La Gomera, El Hierro

SKANDINAVIEN/NORDEUROPA
166 Dänemark
212 Finnland
153 Hurtigruten
029 Island
200 Norwegen Norden
178 Norwegen Süden
151 Schweden Süden, Stockholm

LÄNDERÜBERGREIFENDE BÄNDE
224 Donau – Von der Quelle bis zur Mündung
112 Freiburg, Basel, Colmar
221 Kreuzfahrt in der Ostsee

AUSSEREUROPÄISCHE ZIELE
183 Australien Osten, Sydney
109 Australien Süden, Westen
218 Bali, Lombok
195 Costa Rica
234 Dubai, Abu Dhabi, VAE
160 Florida
036 Indien
205 Iran
027 Israel, Palästina
230 Kalifornien
031 Kanada Osten
191 Kanada Westen
171 Kuba
022 Namibia
194 Neuseeland
041 New York
184 Sri Lanka
048 Südafrika
012 Thailand
046 Vietnam